advaita media

OM C. Parkin
Angst – Die Flucht aus der Wirklichkeit

Die spirituelle Dimension des Enneagramms
Trilogie
Band 1

Originalausgabe
advaitaMedia – Weisheit aus der Stille
Am Gutspark 1
D-23996 Saunstorf
advaita@advaitamedia.com
www.advaitamedia.com

Mit Beiträgen von Ulrike Porep und Johannes Spath
Lektorat: Dr. Rüdiger Porep
Cover, Satz, Grafik: Christoph Konradi
Coverphoto: cydonna / photocase.de
Druck & Bindung: C. H. Beck

2. Auflage 2021

Bibliografische Information der Deutschen Nationalbibliothek.
Die Deutsche Nationalbibliothek verzeichnet diese Publikation in der Deutschen Nationalbibliografie; detaillierte bibliografische Daten sind im Internet über http://dnb.d-nb.de abrufbar.

ISBN 978-3-936718-35-5

Die spirituelle Dimension des Enneagramms

Eine Trilogie
Band 1

OM C. Parkin

Angst

Die Flucht aus der Wirklichkeit

advaita media

Inhalt

Vorwort

Wenn wir das Enneagramm als Kosmologie verstehen, als Versinnbildlichung der Großen Ordnung des Seins mit allen Wirkkräften der Evolution und der Involution, dann weist dies weit über das Verstehen des Enneagramms als Lehre von den Charakterfixierungen oder einer Typologie der Persönlichkeiten hinaus. Das Enneagramm in seiner spirituellen Dimension überschreitet das begrenzte Verständnis, das ihm der konzeptuell arbeitende denkende Geist zuweist. Vielmehr geht es hier um die Offenbarung von Wirklichkeit, von Realität, die frei ist von jeglicher Begrenzung. So ist das Enneagramm letztlich kein Lehrgebäude, sondern es öffnet das Sehen des Seins selbst, den Blick in das kosmische Wirkgefüge.

Dieses Buch ist der erste Band einer Trilogie, die den drei emotionalen Grundkräften des denkenden Geistes gewidmet ist, welche dem objektiven Sehen des Seins im Wege stehen: Angst, Zorn und unerfüllte Liebe. Dieser erste Band ist der Tiefenerforschung der Angst gewidmet, sowohl als Antrieb der Flucht aus der Wirklichkeit, als auch als Wegweiser für den Heil(ung)sweg.

Wie ist dieses Buch aufgebaut? Zunächst geht es in der Einführung von Ulrike Porep um grundlegende Aspekte der Wahrheit über menschliches Leiden, resultierend aus der Gefangenschaft in Angst. Es folgt eine authentische Schilderung aus der Welt eines angstfixierten Menschen von Johannes Spath. Sodann erläutert OM C. Parkin in seinem Essay, wie unser eigener Geist immer neue Angst produziert, getrieben von der Idee, seiner Angst vor dem Tod, vor dem letztlich Unbekannten entkommen zu können. Wie inneres Anhalten, Sehen und wahres Erkennen aus unseren eigenen Alpträumen und Angstphantasien befreit, wird aus der Sicht eines spirituellen Meisters präzise dargelegt.

Vollendet wird der Bogen durch OM C. Parkins ausführliche Hinweise auf die Möglichkeit, sich dem Leiden unter Angst und der Befreiung davon anzunähern. Dieser thematische Extrakt wurde aus den überarbeiteten Aufzeichnungen von Darshans mit OM C. Parkin gewonnen. Über zwanzig Jahre hinweg gegebene Belehrungen in Form zahlreicher Dialoge mit Schülern, die ihre auf das Thema Angst bezogenen Fragen stellen, zeigen uns die Schlüssel zu einem angstfreien Leben. Dass dies möglich ist, verspricht uns der Innere Weg, der Weg zu uns selbst, der Weg der Wandlung vom Ich zum Sein.

Dieses Buch dient dazu, den Bogen, den wir um die Angst gemacht haben, zu beenden und uns dem zu nähern, was sie wirklich ist – eine elementare Kraft des Seins.

Dr. Rüdiger Porep
Gut Saunstorf, im März 2015

Einführung

von Ulrike Porep

Stets voller Furcht ist dieses Herz,
stets voller Besorgnis dieser Geist
durch Nöte, welche droh`n und solche, welche sind.
Furchtfreies Leben, gibt es solches denn?
Oh künd' es an, von mir befragt.
Wirrsal innen – Wirrsal außen –
Im Wirrsal ist verwirrt das Volk.
Dies frag ich nun, oh Gautama,
Wer kann die Wirrsal wohl entwirren?

Nyanaponika, 1993, zitiert nach alten Quellen von vor 2500 Jahren.

„Fast alle Menschen leiden
mehr oder weniger unter der Geißel der Angst.
Auch die Menschen, die gar keine Angst wahrnehmen."

OM C. Parkin

Menschen fühlen sich von Angst regiert oder Menschen verleugnen Angst. Aber wer weiß, was Angst wirklich ist? Warum lassen wir uns von Angst geißeln? Sind wir Opfer von Angst? Sollten wir Angst überwinden? Ist Angst nur ein lästiges Übel?

Um diese Fragen beantworten zu können, lassen wir uns auf das Thema „Angst" überhaupt erst einmal ein. Vielleicht ist Angst sogar etwas, was wir nicht wirklich kennen. Wir

wollen sie möglichst schnell loswerden – was eine schlechte Voraussetzung ist, wenn man etwas kennen will.
Wie können wir aber einem so flüchtigen Phänomen näherkommen und es erforschen?

Angstneurose, Angststörung, Phobie, Paranoia. Das sind im üblichen Verständnis Störungen, die es zu beseitigen gilt. In Wirklichkeit sind diese seelischen Krankheiten Ausdruck einer Verdrängung, einer Weigerung, der Angst zu begegnen. „Angst ist Schwäche, Angst ist kindisch, Angst ist eine Beeinträchtigung." Mit solchen Glaubenssätzen verurteilen wir etwas, was wir gar nicht verstehen.

Um dem Phänomen Angst auf die Spur zu kommen, können wir das Enneagramm nutzen. Es ist eine Kosmologie, ein geistiges Modell universeller Prinzipien. Es kann in der Inneren Arbeit als Spiegel der Seele genutzt werden. Es zeigt auf, wie geistige Strukturen, zu neun Charaktertypen verfestigt, ein Leben im fixierten Leiden bedingen, so dass Wandlung und Evolution nur noch begrenzt möglich sind. In der Weisheitslehre wird deutlich aufgezeigt, dass fixiertes Leiden im Gegensatz steht zur Freiheit eines Da-Seins in stetem Wandel, in dem alle Kräfte ihren Raum nehmen und ihre Wirkung entfalten. Damit unser Leben wieder in Fluss kommt, beginnen wir uns erst einmal unseres eigenen Festhaltens dieser Fixierungen bewusst zu werden. Drei Kräfte, die das Universum ganz natürlich in Bewegung halten und ständige Wandlung ermöglichen, sind die Beweg-Gründe natürlichen Seins. Es handelt sich dabei um die erschaffende Kraft, die erhaltende Kraft und die zerstörende Kraft – Geburt, Lebensspanne, Tod.

Wenn das Ich sich einer dieser Kräfte bemächtigt und sich damit auf einen bestimmten Standpunkt fixiert, wird ein künstlicher Stillstand hervorgerufen, eine Fixierung, die durch ständiges aktives Festhalten immer wieder neu erzeugt wird. Das Leben will fließen, die Erscheinungen verändern sich ständig, alles, was geboren wird, lebt eine Lebensspanne lang, um dann zu sterben und Neuem Raum zu geben. Alles ist ständigem Wandel unterworfen. Das Ich aber möchte diesen Wandel verhindern. Es besetzt eine der drei Kräfte und sagt: „Meins!" Mein Zorn, meine Angst, meine Wünsche.

Das Zorn-Ich sagt: „Ich will nicht!"

Das Angst-Ich sagt: „Ich will weg!"

Das Wunsch-Ich sagt: „Ich will etwas anderes!"

Wo ein Ich sich auf einen Standpunkt gestellt hat (Nummer 1 bis 9 im Enneagramm der Charakterfixierungen, s. Abbildung 1), da herrscht Begrenzung, Erstarrung, blinde Wiederholung, Leiden.

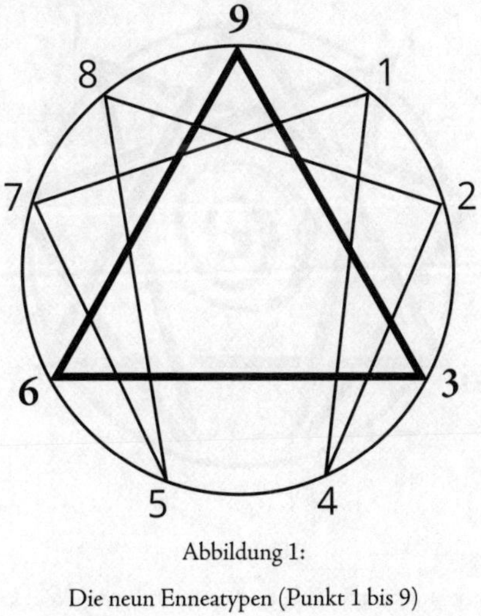

Abbildung 1:

Die neun Enneatypen (Punkt 1 bis 9)

Auf dem inneren Weg stellen wir in Frage, was zunächst selbstverständlich erscheint. Die grundlegendste Selbstverständlichkeit ist das Ich selbst. Wer ist eigentlich „Ich"? Wer bin ich? Wir entdecken, dass jedes Ich eine Geschichte erzählt, seine Leidensgeschichte. Und jedes Ich hat eine Strategie entworfen, wie es das Leiden los werden oder fernhalten kann und glücklich zu werden hofft. Das ist die Suche nach dem Glück, die aber, wenn wir es ehrlich betrachten, bestenfalls zu kurzfristiger Linderung, ansonsten jedoch in dauerhaftes Leiden führt. Diese Geschichte beginnt also mit Ich und Mein und endet in einer Sackgasse, wo die Strategien offensichtlich nicht weiterführen. Können wir das einsehen, dass hier kein Glück zu finden ist, oder nehmen wir den nächsten Anlauf im Labyrinth der Strategien des denkenden Geistes? Was ist die Lösung?

Abbildung 2:

Enneagramm mit Symbol der Dynamik der drei Wirkkräfte

Zunächst beginnen wir uns zu interessieren für die Wahrheit, für das, was IST, nicht gedacht, nicht vorgestellt, nicht erträumt. Ein Spiegel dessen, was IST, ist das Enneagramm. Es zeigt die natürlichen Gesetze des Seins auf, aber auch die mehr oder weniger unbewussten Versuche des Ichs, jemand zu werden, etwas zu erreichen in der Welt der Erscheinungen. Es spiegelt sowohl das Potential des Menschseins, als auch seine unbewussten Antriebe. Es zeigt die Schattenseite der bewussten Anstrengung des Ich, die Kräfte von Zorn, Angst und Liebe für ein vermeintlich glückliches egoistisches Sein zu nutzen. Wenn das nicht klappt, tarnt das Ich seinen eigenen Egoismus und schiebt sein Leiden auf äußere Umstände.

Es soll nun noch einmal auf die Grundprinzipien des Enneagramms eingegangen werden, um Angst als eine der drei grundlegenden Kräfte im Kosmos einzuordnen, um dann noch genauer auf diese natürliche Kraft, die Kraft der Angst, einzugehen. Diese natürliche Kraft muss unterschieden werden von der fixierten Kraft der Angst, fixiert durch einen ichhaften Standpunkt, der Angst vermeiden will.

Die drei Kräfte im Enneagramm

Das innere Dreieck im Enneagramm, dessen Eckpunkte die Enneatypen 3-6-9 bilden, gibt Aufschluss über die drei grundlegenden Energien des natürlichen Wandels. Das Sechseck (Hexagramm), das von den Punkten 1,2,4,5,7 und 8 gebildet wird, zeigt in seinen Verbindungslinien die Dynamik, das Zusammenspiel der Kräfte, auf (s. Abbildung 2).

Im natürlichen Dasein jeder Erscheinungsform sind die drei Kräfte (Eckpunkte des Dreiecks) im Gleichgewicht:

- Punkt 3: die Kraft der Geburt
  (Entstehen, Schöpfung)
- Punkt 6: die Kraft der Erhaltung
  (Bewahren, den Weg gehen)
- Punkt 9: die Kraft der Zerstörung
  (Vergehen, Tod).

Beim Menschen entsprechen diese drei Kräfte drei Zentren von Intelligenz im Körper: Emotionalzentrum, Mentalzentrum, Instinktzentrum. Wenn diese Zentren voll entwickelt und ausgeglichen sind, bewirken sie natürliches Fühlen, mentale Urteilsfähigkeit und angemessenes Handeln.

Das Ich, der Gedanke Ich, besetzt primär eines der drei Zentren, d.h. hier ist mehr Energie als in den anderen beiden Zentren, und damit entsteht ein Ungleichgewicht. Ist das Gleichgewicht der drei Kräfte gestört, tritt eines der drei Zentren in den Vordergrund. Das wird nun zum Lebensthema eines Menschen, der sich als Ich bezeichnet.
Ich und mein Zorn (Punkt 9, 8, 1)
– der Zornige will die Macht
Ich und meine Angst (Punkt 6, 7, 5)
– der Ängstliche ist auf der Flucht und sucht Distanz
Ich und meine Wünsche (Punkt 3, 4, 2)
– der Wünschende sucht nach Erfüllung.
Führen der Kampf um Macht, die Flucht vor dem Bedrohlichen, die Suche nach Wunsch-Erfüllung ins Glück?

In den drei Bänden dieser Trilogie, die jeweils einer der drei Kräfte gewidmet sind, soll aufgezeigt werden, wie Angst, Zorn und die Suche nach Wunscherfüllung als

Leidensstrukturen wirken, und wie Heilung und Befreiung aus dem fixierten Ich möglich ist. Der spirituelle Meister OM C. Parkin spricht immer wieder, besonders im Darshan, zu Menschen, die sich zunächst mit ihrem Leiden zeigen. Er weist auf die verborgenen Motive der Menschen hin, ihre vergeblichen Versuche, aus zornigem Widerstand, angsterfüllter Flucht und sehnsüchtigem Habenwollen das Leben positiv und sinnbringend zu gestalten. Er zeigt auf die verborgenen Schatten-Aspekte des Ichs, er bringt Licht in die Dunkelheit, so dass durch Erkenntnis Wandlung möglich wird. Hiermit wird der erste Band der Trilogie vorgelegt. Er geht der Frage nach, wie die Angst uns, wenn wir sie loswerden wollen, zum Sklaven macht, aber auch, wie wir diese Kraft nutzen können.

Kehren wir nun zu der Energie zurück, der dieses Buch gewidmet ist. Im Enneagramm der Charakterfixierungen gelten Punkt 6 und seine Nachbarpunkte 5 und 7, die durch die Leidenschaften von Geiz und Gier der Angst zu entkommen versuchen, als Angstfixierungen. Angst erscheint als eine der Grundkräfte, die uns daran hindern, frei zu sein. Es ist aber nicht wirklich die Angst, die uns hindert, sondern unsere Vermeidung, unsere Abwehr, unser Ausweichen vor dieser Kraft, die wir nicht fühlen wollen, so dass der freie Fluß des Da-Seins behindert ist.

Obwohl niemand Angst haben will, hält er doch, ohne es zu wissen, daran fest.
Angst wird fixiert durch Abwehrstrategien, die eigentlich nur bewirken, dass nichts mehr fließen kann. So wissen

wir am Ende nicht einmal mehr, was Angst eigentlich ist. Erst wenn die Flucht vor der Angst ein Ende hat, kann sich etwas ändern, lösen, auflösen, entspannen. Dazu beginnen wir aber zunächst Einblick zu gewinnen in das unbewusste Festhalten, und welcher inneren Dynamik und Logik diese Fixierung folgt.

Wie kommt es denn nun überhaupt zu einer Charakterfixierung und im Besonderen zu einer Angstfixierung? Alles beginnt mit einem Irrtum, der Idee, jemand zu sein, ein Körper, ein getrenntes Wesen mit Namen Ich, ausgesetzt in eine Welt voller Gefahren, Unannehmlichkeiten, einem Chaos ständig wechselnder Reize. Das Ich sucht nach Orientierung in einer vermeintlich sicheren, angenehmen, überschaubaren Welt, in der es sich wohl und zu Hause fühlen kann.

Im Punkt 6 des Enneagramms, dem Zentrum der angstfixierten Ich-Strukturen (5, 6 und 7), können wir erforschen, wie Angst, ein momentanes begrenztes Gefühl, ausgebaut wird zu einer fixierten Vermeidungsstrategie, die eigentlich Sicherheit erschaffen soll, aber immer tiefer hineinführt in geistige Welten, die immer neue Angst erzeugen. In der persönlichen Geschichte eines Menschen, der in Angst fixiert ist, finden wir Erinnerungen an beängstigende Erfahrungen. Die Umwelt schien nicht geeignet, ihm als Kind die Sicherheit zu geben, die ein Vertrauen ins Leben erlaubt und rechtfertigt. Wir hören von unzuverlässigen, im schlimmsten Falle bedrohlichen Vätern und Müttern. Der kindliche Geist kommt zu der Überzeugung, dass man sich auf nichts verlassen kann, dass das Leben bedrohlich ist, die Menschen Feinde sind, die einem nach dem Leben trachten und dem Wohl der Seele. Der Enneatyp 6 ist argwöhnisch, von hyperwachsamem paranoidem Misstrauen gekennzeichnet, und er hält ständig nach Gefahren Ausschau.

Ein Mensch, der in Angst fixiert ist, ist einer, der glaubt, die Angst selbst sei die Gefahr, die abgewendet werden muss. Da Angst gekoppelt ist an bestimmte Erfahrungen, werden diese Erfahrungen „weiträumig" gemieden. Ein Leben ohne Angst soll durch diese Vermeidung geschaffen werden. Auf der Flucht vor der Angst bleibt es bei atemlosem hektischem Davonlaufen, ohne noch genau zu wissen, wovor eigentlich. Was sitzt da eigentlich im Nacken? Was treibt diese Flucht an? Das Leben? Was wird verantwortlich gemacht für die unermüdliche Anstrengung übertriebener Wachsamkeit und paranoider Vorstellungen über das bedrohliche Da-Sein? Das Ich des Angstbesetzten sieht die Gefahr und jede Bedrohung in der äußeren Welt.

„Wie kann ich vertrauen, nach all dem, was mir geschehen ist?", fragt dieses Ich. Eigentlich ist es keine Frage, sondern die Rechtfertigung des Abstands, die das Ich als Sicherheitsmaßnahme vertritt. Je weiter weg vom Leben, desto sicherer. Die Wahrheit ist aber, je weiter weg, desto weniger kann gesehen werden, was wirklich ist. Die Geschichte, wo jemand aus der Ferne ein Seil für eine Schlange hält, führt beispielhaft aus, was es heißt, nicht näher heranzugehen: Was ist da wirklich, gefährliche Schlange oder harmloses Seil? Fixiert sein heißt: Es gibt ein in sich geschlossenes geistiges System, das dem Menschen und seinem Überleben dienlich sein soll. Es ist in sich logisch, eben psychologisch, so dass es zunächst keinen Grund gibt, das System selbst in Frage zu stellen.

Die Grundannahme lautet: Alles ist auf Überleben eingestellt, und der Stärkste gewinnt (Darwins ‚survival of the fittest'). Ich fühle mich unsicher und bin in ständiger Gefahr. Also muss ich schneller sein als die Gefahren, ich muss sie vorher-sehen, sie aufspüren in ihren Verstecken. Die Gefahr – was ist das? Es ist das Böse, das, was mir schaden will, das, was nicht wohlwollend, nicht gut ist. Das Böse wird in der Welt gesehen, in anderen Menschen. Wie kommt es denn da hin, das Böse?

Ist es vielleicht das Ich selbst, das sich als böse erkennt? Das Ich, das sich getrennt hat von Gott, das Schuld auf sich geladen hat, das sich abgewandt hat vom Vertrauen in das Göttliche. Wenn das Böse in mir ist – dann habe ich Angst vor mir selbst. Ich habe Angst vor mir! Das ist Spaltung, da bin ich nicht mehr eins, da bin ich zwei, die sich feindlich gesonnen sind, die sich nicht kennen, die sich verdächtigen, die sich bekämpfen. Wie wird innerer Frieden hergestellt? Nun, der Feind wird nach außen projiziert, das Böse wird im anderen gesehen, in dem, was ich nicht kenne. So wird das Unbekannte bekannt, und das Böse bin ich los. Nun muss ich mich nur noch schützen. Und dazu dienen Misstrauen, Zweifel, Verdächtigungen, Distanzierung, Verrat. Aggression und Feindseligkeit unterstützen die Distanzierung. Dass diese Strategie bezahlt werden muss mit immer neuer Angstproduktion, Entfremdung und Vereinsamung, ist wenig spürbar, denn das Fühlen geht in der Geschwindigkeit der paranoiden Phantasien verloren. Alle Aufmerksamkeit gilt einem aufgeblähten Denkapparat, einem Sicherheitssystem, das „weiß", was wahr ist, nämlich alles, was das Misstrauen und den Zweifel stärkt und bestätigt. Ein Teufelskreis.

In diesem Hamsterrad scheint die Angst unter Kontrolle zu sein. In seiner Phantasiewelt von gefährlichen Dämonen und Drachen bewegt sich der Held mutig und scheinbar angstfrei. In einem starren Korsett, seiner Rüstung, trägt er den Kopf erhoben, schaut auf die Schwachen herab und versteckt seine eigenen Nöte. Er verrät sich selbst, indem er das, was ist, feige versteckt: die Angst, die Wahrheit, die Unsicherheit und letztlich seine wahre Natur, das Selbst. Geheimhaltung, Verstecken, Selbstlüge – all das steht im Dienste der Angstvermeidung, der Angst, sich auszuliefern und vernichtet zu werden.

Verrat ist ein sehr starkes Thema in diesem geistigen System und enthält viele Ebenen. „Ich verrate nichts!" sagt das Ich und hält sich für loyal. Loyalität wird höher bewertet als der Verrat um der Wahrheit willen, d.h. in jedem Fall die Wahrheit zu sprechen und Abweichungen von der Wahrheit aufzudecken. Im Ehrenkodex militärischer Denkstrukturen stehen Treue und Pflicht als Gegensatz zum Verrat an höchster Stelle der moralischen Werteskala. Dass es dabei um den Verrat des Geistes an der eigenen Seele geht, der offenbart werden muss, um zurückkehren zu können in das, was vertrauenswürdig und gut ist, ist für den fixierten 6er-Geist nicht sichtbar. Die Angst regiert so lange, bis der Mut siegt und sich zeigt, was sichtbar werden möchte: alles, was bisher verheimlicht wurde, die „Leichen im Keller" ebenso, wie tiefe Einsichten in das, was wahr ist.

So kann der Weg der Befreiung von Angst nur durch die fühlende Begegnung mit der Angst selbst geschehen, Mut und Vertrauen müssen stärker sein als alle Argumente des Geistes, der zur Flucht rät. Stehenbleiben – allein in der

Angst – ist die Lehre für den, der frei sein will, frei vom Geist, frei von Angst, zurückgekehrt in das, was verloren schien, das Urvertrauen, der wahre Glaube an das Gute, an das Göttliche, an die wahre Autorität.

In Angst

von Johannes Spath

Ein Bericht aus der Welt einer Angstfixierung

Der folgende Text erschließt einen Einblick in die Erlebenswelt eines angstfixierten Menschen. Nicht jeder Leser wird sich mit dieser Welt identifizieren können oder wollen, doch jedem werden Anklänge an diesen Wahnsinn des denkenden Geistes bekannt vorkommen. Ein Leben auf der Flucht vor der Wirklichkeit, ein Leben in Gedankenwelten, in verrückten Ideen, Bildern, Phantasien, Einbildungen, Hirngespinsten, abenteuerlichen paranoiden Konstrukten, kurz: in der privaten Hölle, ist das nicht menschliches Schicksal?
Erst wenn diese „Normalität" als Leiden gesehen und empfunden wird, kann ein wirkliches und dringendes Interesse daran entstehen, die Wirklichkeit jenseits der Grenzen der „Welt des denkenden Geistes" kennen zu lernen, wie sie sich erst in der Stille des no-mind offenbart. Dem dient dieses Buch als Ganzes.

1

Er wachte früh am Morgen auf. Sofort war der Gedanke an heute Abend da, ließ eine heiße Welle der Erregung in ihm aufsteigen, die sich in seinem Herzraum eng zusammenzog. Nun war es nicht mehr zu umgehen, er hatte

sich darauf eingelassen. Warum eigentlich? Hatte er nicht gewusst, zu was er da „ja" gesagt hatte? War er naiv, leichtfertig, größenwahnsinnig, die Dimension seiner Angst und seiner Fähigkeiten blind verkennend?
Nun war es jedenfalls nicht mehr zu ändern. Er würde zu der Veranstaltung hinfahren, die Sache irgendwie hinter sich bringen, in der Hoffnung, es einfach nur zu überleben. Wie ein Damoklesschwert hing der Gedanke an den Abend den ganzen Tag über ihm. Inhaltlich hatte er zwar alles umfassend und gründlich vorbereitet und mit Kollegen sorgfältig abgesprochen. Sie hatten ihn gelobt und seine Zweifel ausgeräumt. Gestern noch hatte er seine Begeisterung und sein Interesse an den Fragen deutlich gespürt! Gestern noch hatte er Vertrauen gespürt.

Aber jetzt konnte er davon nichts mehr in sich finden. Er fühlte in sich keinen Kontakt mehr zu dem Thema, mit dem er sich wochenlang intensiv auseinandergesetzt hatte. Um was ging es eigentlich – wirklich? Widerwillig griff er nach seinen Unterlagen, versuchte in den Aufzeichnungen einen Sinn und Zusammenhang zu finden. Das fürchtete er am meisten: Vor dem Publikum zu stehen und überhaupt keinen Bezug zu dem zu fühlen, was er sagte. Gelähmt vor Angst mit einer totalen Blockade im Kopf wie ein Roboter die Fragen abzuarbeiten. Und wenn er nicht fühlte, was er sprach, dann wäre alle Mühe umsonst. Ja, er kannte das, er hatte es schon erlebt – ganz früher, in seiner Jugend, er erinnerte sich jetzt deutlich an die Situation. Es war in der Schule, und die Erinnerung war gesättigt von Scham und Demütigung. Ein Referat im Fach Erdkunde war zu halten gewesen und er hatte dagestanden, bis ins Mark kontrahiert, wie ein farbloser Turm, und er brachte es nicht weiter als mechanisch einige zusammenhanglose Sätze hervorzuwürgen, die er noch nicht einmal sinnvoll zu beenden in der Lage gewesen war. Die Blockade war total. Um welches Thema es eigentlich ging und was das alles sollte war ihm vollständig entfallen. Der Lehrer hatte ihn unterbrochen, eine ironische Bemerkung gemacht und ihn aufgefordert, das ganze noch einmal von vorn zu beginnen. Im zweiten Anlauf war alles noch schlimmer geworden, schließlich war er einfach verstummt, hatte betäubt und geschlagen vor der Klasse gestanden und nur noch abgewartet, dass der Lehrer ihn endlich an seinen Platz zurück schickte. Seine Mitschüler hatten gegrinst und hämisch gewitzelt und es war ein Abgrund gewesen, eine Vernichtung, eine unverzeihliche Schande.

So etwas durfte nie wieder geschehen. Er hatte ab sofort alles darangesetzt, Situationen zu vermeiden, in denen eine Wiederholung derartig katastrophalen Versagens drohte. Und wenn sich das gar nicht umgehen ließ, hatte er immer besser gelernt, die Umstände so weitgehend zu entschärfen, dass er nicht mehr sichtbar werden musste.

Aber war dieses Erlebnis in der Schulzeit wirklich der Beginn seiner Tragödie, war es für sein furchtbares Defizit verantwortlich, oder war es nur die Neuauflage von etwas viel älterem, längst verschollenem, das sich im Nebel diffuser Erinnerungsfetzen und undefinierbarer Gefühlslandschaften seiner Kindheit verlor? So musste es sein, er spürte es mit Gewissheit. Seine Gedanken tasteten sich vorsichtig rückwärts in die Vergangenheit. Ein Grauen begann sich langsam, aber an Intensität zunehmend in ihm breit zu machen, ein namenloses Grauen – abgekoppelt von jedem Erinnerungsbild, eine tiefschwarze Atmosphäre von Kälte und Nicht-Sein, von Angst und

Schmerz. Woher kam das, was war das? Er wusste es nicht, es erschien ihm völlig rätselhaft, aber er fühlte Tränen in seinen Augen aufsteigen. Das leere, tote Abbruchhaus, die Ruine, kam ihm in den Sinn, das Bild seines schlimmsten Albtraums, den er als kleiner Junge hatte, ein Bild des Grauens und des Todes ...

Er tauchte aus seinen Erinnerungen auf und blickte ernüchtert auf sein Manuskript. Was brachte das alles jetzt? Was halfen ihm nun die alten Geschichten? Gab es überhaupt einen Zusammenhang zwischen ihnen und dem Problem, vor dem er heute stand? Und was nützte es ihm, wenn er es wüsste? Er war kein Kind und auch kein Schüler mehr, er war erwachsen und musste sich der Aufgabe stellen. Seine Gedanken wanderten wie hypnotisiert wieder hin zu der unüberwindlich erscheinenden Hürde, die vor ihm lag.

Das Schlimmste war: Das Publikum heute Abend war kein gewöhnliches Publikum. Es waren Menschen, die viel mehr sahen und tiefer fühlten, als die, vor denen er sonst sprechen musste. Sie würden im Bruchteil einer Sekunde alles sehen, ihn durchschauen und erkennen, dass er im Grunde gar nichts zu sagen hatte. Jenes würde er seinerseits ebenfalls sofort bemerken, dafür hatte er sehr feine Antennen. Dann müsste er kämpfen, durchhalten, mit größter Anstrengung irgendwie sein Gesicht wahren, während sie ihn weiter mit tausend Augen beobachteten. Am Ende würde es totenstill sein im Saal, ein ewiger Moment peinlich berührten Schweigens. Dann würde er im besten Fall einige mitleidige Seufzer hören, der eine oder andere würde lächelnd mit dem Kopf schütteln, andere würden

zügig gehen. Eine Auseinandersetzung mit ihm wäre niemandem der Mühe wert. Wieder einmal würde bestätigt, dass er ein hoffnungsloser Fall blieb, wenn es darauf ankam.
Mit diesen Gedanken sprangen seine Augen über die fremd und sinnlos wirkenden Sätze seines Skriptes hin und her. Blieb sein Blick doch einmal an einer Zeile haften, erschien ihm ihr Inhalt leer, fragwürdig, unintelligent, im höchsten Maße angreifbar. Das würde man in kürzester Zeit auseinander nehmen ...

2

Die Veranstaltung war im Gange. Er hatte die Einführung gegeben, seines Erachtens nach mehr schlecht als recht, unsicher natürlich, mit etwas gepresster Stimme und mit dem üblichen Gefühl, dass er nicht recht wusste, was eigentlich geschah. Ein Teil von ihm stand – wie immer – neben ihm und beurteilte die ganze Sache als höchst fragwürdig, befremdlich, unwirklich. Seine Worte und Stimme erschienen ihm trocken, farblos, langweilig. Na gut, aber es lief irgendwie und er war zumindest nicht so vollständig gelähmt wie befürchtet.
Nun sprach er zum Thema. Er fand den Faden, fühlte unbestimmt, dass seine Worte irgendwie Sinn machten, einen Zusammenhang ergaben. Dennoch blieb er hochgradig angespannt. Was, wenn er diesen Faden verlieren würde? Was, wenn jemand eine Frage stellte, auf die er nicht vorbereitet war? Die Angst vor der bedrohlichen Lücke, die jederzeit entstehen könnte, machte seinen Körper steif und kerzengerade. Sein Schultergürtel fühlte

sich an, als sei ein Kleiderbügel darin. Alle mussten das natürlich sehen, auch wenn er sich krampfhaft um den Anschein von Gelassenheit bemühte (was natürlich auch alle durchschauen mussten).
Sein Auftritt verlief, ohne dass die befürchteten Schrecknisse eintraten. Der Moment, wo ihm heiß und kalt vor Peinlichkeit und Verlegenheit wurde, wo er bis in den Kern erstarrt in den Abgrund seiner Leere und Unwissenheit blickte, blieb ihm erspart. Immerhin. Nachdem er geendet hatte, fragte er, wer an einem Skript seines Vortrags interessiert sei. Nur eine Person meldete sich zögerlich. Er blickte in die Gesichter seines Publikums. Sie schienen ihm gelangweilt, ein wenig schläfrig weggetreten, wohl auch enttäuscht angesichts des eigentlich viel versprechenden Themas. Mit Sicherheit hatten sie viel mehr erwartet. Er hatte ihre Erwartungen nicht erfüllen können, er war einfach zu lasch und langweilig gewesen. Eben eine graue Maus, dachte er, hochtrabende Gedankenflüge, aber wenn es darauf ankommt, zeigt sich, dass nichts wirklich dahinter steckt. Da ist eben keine Substanz, kein Fleisch und Blut, wie er es bei anderen Vortragenden vor ihm erlebt hatte. Selbst bei N., dessen Ausführungen er für dünn und etwas oberflächlich hielt, hatten die Menschen wach und mit Anteilnahme zugehört, ja, es gab auch Gelächter. In seinen Vorträgen konnte er sich nicht entsinnen, dass je gelacht wurde. Wie auch, wenn von ihm nicht die Spur von Gelassenheit und Herzlichkeit ausging?
Jetzt war es wenigstens vorbei, er hatte es also überlebt, er spürte eine müde Erleichterung. Er verabschiedete sich von den Zuhörern und verließ unsicher und mit leicht eingezogenen Schultern seinen Platz am Rednerpult.

3

Am Abend saß er für sich allein im Rauchersalon und fühlte sich elend. Er traute sich nicht, Menschen, die seinem Vortrag beigewohnt hatten, anzusprechen, obwohl er den Wunsch dazu verspürte. Er fürchtete ihre Rückmeldungen. Und doch hätte er gern gehört, ob nicht vielleicht irgendetwas vor ihren Augen Bestand gehabt hatte, so dass er sich zumindest – wenn auch in geduldeter Position – wieder einigermaßen sicher unter ihren Augen bewegen dürfte. Und wenn nicht, dann hoffte er zumindest auf eine Spur menschlichen Verständnisses, auf ein Wort, dass ihm wieder das Gefühl der Zugehörigkeit zur menschlichen Rasse und die Erlaubnis, unter ihr weilen zu dürfen, gewährte ...

Er musste sich nicht bemühen. S. kam zügigen Schrittes auf ihn zu, schüttelte ihm lachend die Hand. Was für ein schöner Vortrag das gewesen sei. Ja, das sei ja wohl sein Metier, das läge ihm ja richtig, davon wolle er gern mehr sehen, warum er sich nur so zurückhalten würde? Nach und nach gesellten sich einige weitere Zuhörer dazu, bestätigten S., lobten die Klarheit und Bestimmtheit seiner Worte, nannten die Inhalte wesentlich. Schließlich trat auch B. hinzu, vor deren präzisem Urteil er sich am meisten fürchtete. Angespannt atmete er tief durch. Nun würde alles ans Licht gebracht, das wusste er, nun würden die Schattenseiten gnadenlos aufgedeckt, nun wäre Schluss mit schmeichelnder Lobhudelei. Zu seiner Überraschung nahm B. ihn herzlich in den Arm. Es wäre schön gewesen, ihn so zu sehen, ruhig, klar und doch berührt, es habe ihr Freude gemacht, ihm zuzuhören, sie sei gespannt auf sein weiteres Engagement zu diesem Thema.

Er spürte die Berührung, etwas, das ihn weich machte, das ihn entspannte. Zugleich erlebte er sich auf andere Weise im Innersten getroffen – erschrocken, ratlos, wie entgleist. Dass sie ihm alle nur schmeicheln wollten, konnte er sich nicht mehr vor-machen.
Was war los? Was war los mit ihm? Über wen redeten diese Menschen? Was zum Teufel hatten sie bei ihm gesehen? Konnte er sich denn selbst nicht trauen? Wem konnte er trauen? War er dieser oder jener? Wer war er?

Wie mit einem Fragezeichen in einem großen, leeren Herzen, sich seiner Identität ungewiss, ging er langsam durch die Nacht zurück in sein Hotel.

A.N.G.S.T.

= Angst vor dem Nichts Gebiert Selbst-Täuschungen.

von OM C. Parkin

Angst vor dem Nichts

Die Weisheitslehre ist die Lehre der Befreiung von Illusion. Die Befreiung von Illusion ist die Befreiung von jeder Form menschlichen Leidens und die Erkenntnis des SELBST. Gerne greife ich in der Belehrung von Schülern auf die alte Hindu-Parabel von der Schlange und dem Tau zurück. Auf seinem Weg sieht der Schüler in der Ferne eine zusammengerollte Schlange liegen. Er bekommt große Angst und ergreift die Flucht. Auf seiner Flucht wird er von allen erdenklichen Ängsten verfolgt. So schnell er auch läuft, niemals gelingt es ihm, seine Verfolger gänzlich abzuschütteln. Eines Tages fasst er sich ein Herz und kehrt um, denn der Wunsch, etwas über die Schlange zu erfahren, treibt ihn voran. Bis auf wenige Meter nähert er sich der Schlange diesmal an, bis seine Angst übermächtig wird und ihn zwingt, wieder die Beine in die Hand zu nehmen. Über viele Jahre wiederholt sich der immer gleiche Vorgang, doch mit der Zeit lernt er, der Angst innerlich näherzutreten und so wächst in ihm zugleich der Mut. Der Mut, der Schlange in die Augen zu schauen, denn er will wissen, mit wem er es zu tun hat. Achtsam und in großer innerer Erregung, am ganzen Leib zitternd wie Espenlaub, wagt er es, endlich so nahe an die Schlange heranzutreten, dass er ihr in die Augen sehen kann. Als sich in diesem Augenblick sein inneres Auge öffnet, verschwindet die Schlange. Eine unendliche Tiefe des Erkennens erfüllt sein Bewusstsein. Eine stille Heiterkeit, ein inneres Schmunzeln breitet sich unaufhaltsam in seinem Herzen aus, während er schweigend das zusammengerollte Tau betrachtet.

„Es kann ein Leben lang dauern, bis sich die Augen öffnen, doch es genügt ein Blitz, um zu sehen", schrieb der amerikanische Weisheitslehrer Anthony de Mello. Er umschreibt damit auf wunderbare Weise das paradoxe Wesen höchster spiritueller Erkenntnis als einen langwierigen Prozess in der Zeit, gleichsam als ein Geschehen von der Dauer eines Wimpernschlages. Die „Sache mit der Schlange", es ist die *Eine Angelegenheit*, das *Eine Große Hindernis*, mit dem sich ein Schüler des inneren Weges auseinanderzusetzen hat. Eigentlich ist es die Lebensaufgabe eines jeden Menschen, doch gibt es wenige, die auf ihrem Weg so weit voranschreiten, dass sie überhaupt in der Lage sind, die klaren Konturen einer Schlange in der Ferne auszumachen. Doch der innere Strudel des Erkennens, er beginnt mit dieser Parabel erst dann wirklich an Fahrt aufzunehmen, wenn die Schlange das Innen erreicht hat. Wer auch immer sie ist, wo auch immer sie erscheinen mag, sie ist immer innen. Sie bedroht mich von innen. Und ich will sie identifizieren, will sie erforschen, will ihr auf den Grund gehen, will wissen, wer sie wirklich ist.

Es gibt eine oberflächliche Lesart des Verstehens, mit welcher der Verstand glaubt, die Parabel mit Leichtigkeit zu erfassen. Doch ist dieser innere Weg eben kein Weg des Verstehens, sondern ein Weg des Erfahrens und des Erkennens, und die „Sache mit der Schlange“ bekommt dann ein anderes, inneres Gewicht, wenn wir der Schlange einen anderen Namen geben: Ihr Name ist Tod. Ich hatte einmal einen Sufi-Lehrer, der lehrte, dass alle Ängste, welche den Menschen verfolgen, auf zwei Urängste zurückzuführen sind: Die Angst vor dem Tod und die Angst vor dem Fallen. Wenn ein ernsthafter Selbsterforscher nun beginnt, diesen beiden Urängsten auf den Grund zu gehen, so findet er alsbald heraus, dass es sich um zwei Variationen ein- und derselben Angst handelt: Die Angst vor dem Nichts. Doch wer oder was ist dieses Nichts? Und ist dieses Nichts wirklich nichts, oder ist es ein Konzept von Nichts? Eine Idee von Nichts? Und wie entsteht diese Idee von Nichts im menschlichen Bewusstsein? Auf der Suche nach Antworten werfen wir einen Blick in die Evolution menschlichen Bewusstseins, genauer: in die Entstehung eines denkenden Geistes im Inneren des Menschen. „Geist“ ist der zweite Name, den wir der Schlange geben können, und „Geist“ ist auch ein Synonym für „personifizierte Illusion“. Die Schlange, vor der alle Angst haben, sie ist ein Geist. Und so geistert sie umher in den Köpfen der Menschen.

Mit dem metaphysischen Konzept von den *drei Gehirnen des Menschen* lässt sich die Entwicklung menschlichen Bewusstseins in einer dreifachen Ordnung nach dem universell gültigen *Gesetz der Drei*[1] gliedern. Dieses Modell unterscheidet grob drei Entwicklungsstufen, oder besser:

Entwicklungsniveaus (drei Geburten), aus denen sich seine drei wesentlichen Körper (physisch, emotional und geistig) entfalten. Auch die Evolution des anatomischen Gehirns kann in diese drei Ebenen eingeteilt werden – Reptilienhirn, Säugerhirn und Primatenhirn (s. Abbildung 3).

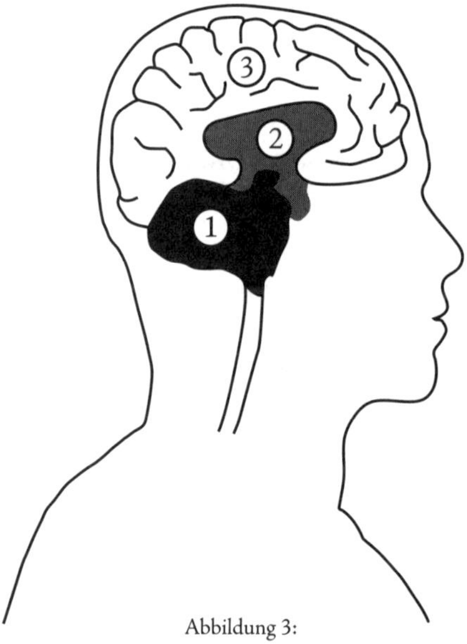

Abbildung 3:

Die Drei Gehirne - ihre Repräsentanzen im menschlichen Gehirn.

Das **1. Gehirn** ist das stammesgeschichtlich älteste Gehirn (Reptiliengehirn) und hat seine Repräsentanz im Stammhirn => Instinktzentrum.

Das **2. Gehirn** (Säugetiergehirn) ist der Hirnbereich, in dem Gefühle entstehen. Das Zwischenhirn steht für das => Emotionalzentrum.

Das **3. Gehirn** ist der evolutionär jüngste Hirnabschnitt, der sich in den höheren Säugetieren entfaltet und beim Menschen sein Maximum erreicht. Das Großhirn ist das Zentrum des Bewusstseins, der Wahrnehmungen, des Denkens, Fühlens und Handelns in komplexer Vernetzung => Mentalzentrum.

Bereits nach wenigen Monaten beginnt sich das Bewusstsein des Kindes aus der vollkommenen Verschmelzung zu lösen und eine eigene, rein physische Entität auszubilden. Es entsteht das, was Ken Wilber das *physische Selbst* nennt. Es ist das „erste Ich" und damit die erste Trennung. Die erste Dualität ist entstanden, und mit dieser ersten Dualität entsteht – Angst. Doch ist die „Angst" weder geistig, noch emotional. Sie besteht also weder aus Gedanken, noch handelt es sich um ein Gefühl, hat also mit dem, was ein Mensch gewöhnlich meint, wenn er sagt: „Ich habe Angst", wenig gemein. Vielmehr ist damit eine rein physische Empfindung gemeint, eine Form von Erregung, ausgehend vom Bauchzentrum, welche direkt vom körperlichen Überlebensinstinkt ausgeht. Evolutionsgeschichtlich sehr früh, schon bei den Reptilien, drückt sich „Angst" als reiner Flucht- oder Totstellreflex aus (erstes Gehirn). Erst bei den Säugetieren, insbesondere bei den sozial lebenden, bekommt „Angst" einen differenzierteren, emotionalen Ausdruck (zweites Gehirn). So können sich z.B. Schimpansen in Angst machenden Situationen gegenseitig umarmen.[2] Im Menschen schließlich steigt „Angst" endgültig bis in das dritte Gehirn auf und breitet sich in Wahnvorstellungen der geistigen Welt aus, was durch Begriffe wie „Paranoia" zum Ausdruck gebracht wird. „Dass Sie paranoid sind, heißt übrigens nicht, dass Sie nicht verfolgt werden", belehrte ein wirklich böser Psychiater seinen Patienten.

Sobald also das Bewusstsein mit einem eigenständigen, getrennten Körper identifiziert ist, gibt es da draußen ein Nicht-Ich, ein Ich-Fremdes, welches eine potentielle Bedrohung darstellt. Die reine Körperwelt ist die animalische Sphäre, und hier herrscht auch das Gesetz von „fressen und gefressen werden". Dieses Tierreich und die dort herrschenden Gesetze des Dschungels sind tief eingeprägt in der Erinnerung dieses Körpers aus vormenschlicher Zeit. Der älteste Teil des menschlichen Gehirns, das Reptiliengehirn, reicht ca. 500 Millionen Jahre zurück (der homo sapiens ist dagegen gerade einmal 200 bis 250 Tausend Jahre alt). Um das System „Angst" mit dem erkennenden Bewusstsein zu durchdringen, muss der Schüler des Weges also quasi 500 Millionen Jahre in der Evolution zurückkehren, um dort die reine Erregung des *physischen Selbst* als Folge der ersten erfahrenen Dualität als nackte Angst zu erleben. Diese physische Erregungsenergie ist nicht der gesuchte innere Kern von Angst, sondern vielmehr das Fundament, auf dem sich in der Folge durch die *drei Geburten des Menschen*[3] Angst im Bewusstsein des Menschen ausbreitet. Das innere System Angst besteht also grundsätzlich aus drei gänzlich verschiedenen Seinsebenen (oder auch Seinsniveaus).

Ich selbst erinnere mich an ein fast ständig latent vorhandenes „mulmiges Gefühl im Bauch", welches in bestimmten, scheinbar bedrohlichen Situationen aus der Latenz hervortrat und zu einem starken Erregungsgefühl heranwuchs. Ich wachte morgens auf und fühlte mich beim Übertritt in den Wachzustand „mulmig". Ohne konkrete Gedanken, Bilder oder Gefühle. Diese inneren Phänomene dockten erst später an. Im Nachhinein kann ich sagen, dass das Bauchzentrum (erstes Gehirn) sich in einer ständigen Zusammenziehung, einer Dauerkontraktion befand. Da es sich um den Normalzustand handelte und ich nichts anderes kannte, gab es auch kein Bewusstsein darüber.

Auf der Stufe des *ersten Gehirns* ist die Angst rein körperlicher Natur und richtet sich sehr konkret auf den körperlichen Tod. Aus diesem Grunde ist es hier angemessener, von „Furcht“ zu sprechen. Mit der Entfaltung des *zweiten Gehirns* steigt die Angst ins Herzzentrum auf, verfeinert sich und wird gleichzeitig auch diffuser. Die „Angst, verletzt zu werden“ oder die „Angst, getötet zu werden“ trägt nun nicht mehr die Grobheit der Bedrohung eines rein körperlichen Angriffs in sich, sondern erfährt eine feinere, emotionale Erregungsnote. Die Angst vor emotionalem Schmerz, letztlich vor dem emotionalen Tod, der Vereinsamung, der totalen Verlassenheit zieht das Herzzentrum zusammen. Erst mit der Entwicklungsstufe des *dritten Gehirns,* welche bereits im zweiten Lebensjahr beginnt, wird mit der Entstehung des denkenden Geistes die Angst in die Welt der Ideen erhoben. Und hier ist der Tod nicht mehr der greifbare, sichtbare, konkrete Tod, als der er noch auf der Körperebene erschien, hier tritt er auf als der Wächter des Nichts. Die Schwelle zum Nichts. Hinter dem geistigen Tod lauert das Nichts.

Die ersten Ideen im menschlichen Bewusstsein tauchen in Form von Bildern auf. Die angstbesetzte Atmosphäre dieser Bilder, in denen die Schwelle des geistigen Todes zum Ausdruck kommt, ist nicht mehr gekennzeichnet von grob- bzw. feinstofflicher Erregung, wie sie dem *ersten* bzw. dem *zweiten Gehirn* entspricht, sondern durch die Totheit einer von der belebten Seele entkoppelten geistig-plutonischen Welt. Das Nicht-Sein. Ich erinnere mich noch ziemlich genau an einen Klartraum vor vielen Jahren, welcher diese Atmosphäre transportierte. Ich sah eine Szene nachts irgendwo auf dem Ozean. Das Wasser war tiefschwarz, es war tiefe Nacht und trotzdem war die Szene gespenstisch erleuchtet. Auf dem Wasser trieben rostige Kähne, wie Geisterschiffe. Abgewrackte alte Frachter, auf denen kein Leben mehr zu finden war. Auch das Wasser war wie tot, es gab keine Wellen, es wehte kein Lüftchen. Totenstille lag über der ganzen Szenerie. Ich erwachte in einer Form kalten Grauens.

Die in die Ideenwelt des Ich-Geistes erhobene Angst hat eine Idee des Nicht-Seins hervorgebracht, welche sie hinter dem Tod vermutet. Der *horror vacui* des denkenden Geistes. So können wir einen Großteil der horizontalen Gedankenwelten des denkenden Geistes und daraus resultierender Handlungen als einen Versuch verstehen, sich der eigenen Existenz zu versichern: „Ich denke, also bin ich." Eine Schülerin schreibt mir in einem Brief: „Ich kann bezeugen, dass all meine Handlung darauf ausgerichtet ist, eine Resonanz auf mich selbst zu erfahren. Wenn ich eine Resonanz erhalte, erhalte ich eine Bestätigung dafür, dass ich BIN. Es ist eine immerwährende Suche und Anstrengung, meine Existenz bestätigt zu bekommen."

Mit der Erhebung von Angst in die horizontale Gedankenwelt im dritten Gehirn, dem Zentrum des denkenden Geistes, verliert die Angst endgültig den Boden der Realität und erzeugt paranoide Denkwelten. Angst und Illusion, Angst und Realitätsverlust stehen in einer intimen Beziehung. Ich erinnere mich an einen Darshan mit Gangaji Anfang der 90er Jahre. Da meldete sich eine Schülerin, die ihre Erfahrungen der Selbsterforschung zur Angst teilte. Sie gab für *fear (engl.* Angst) folgende Übersetzung: *false evidence appearing real.* Als Heimat der Paranoia gelten im „Enneagramm der Charakterfixierungen" die sog. Mentalfixierungen (Volksmund: Kopfmenschen), welche auch „Angstfixierungen" genannt werden. Bei diesen Menschen ist der Kopf (gemeint als Symbol für die geistige Welt) besonders stark von den anderen Daseinsebenen des Menschen (emotional und physisch) entkoppelt, so dass angstbesetzte Denkwelten ohne Möglichkeiten der Realitätsüberprüfung hier eine besondere Macht entfalten können. Deshalb übersetzt Claudio Naranjo, der große zeitgenössische Enneagrammlehrer, die umfassende Daseinsangst der Kopfmenschen, die „Angstfixierung", auch als „ein eingefrorener Alarm vor einer eingebildeten Gefahr".

Die Geschichten von Mullah Nasruddin, dem Narren der Sufis, beschreiben häufig den Wahn des denkenden Geistes auf humorvolle Weise: Nasruddin tritt mit einer Schüssel Erbsen aus seinem Haus und streut die Erbsen sorgfältig rings ums Haus herum. Ein Freund kommt vorbei und fragt Nasruddin erstaunt, was er da mache. „Ich halte die Tiger fern." „Aber bei uns gibt es doch gar keine Tiger." „Da siehst du, wie gut das Mittel wirkt."

Diese Idee des Nicht-Seins hält der Geist für das Nichts selbst. Vor dem Nichts Angst zu haben, ist per se jedoch unmöglich, da das Nichts kein Objekt der Wahrnehmung sein kann. Es gibt schließlich immer noch die Angst und jemanden, der Angst hat. Also nicht Nichts, sondern Etwas. Wenn Nichts wäre, dann wäre auch die Angst nichts und niemand, der wahrnimmt. „Es gibt nichts außer Bewusstsein", lautet einer der zentralen Lehrsätze von Ramesh Balsekar, einem großen zeitgenössischen *advaita*-Lehrer (1917-2009), der damit die radikale Befreiungslehre des Menschen und die Auflösung eines illusionären Jemand und seiner Welt zusammenfasst. In dieser Lehre ist das Nichts nicht mehr die Auslöschung des Lebens, oder die Abwesenheit von Gott, sondern die Auflösung einer jeden Illusion, die Entschleierung einer Welt, die ein potemkinsches Dorf, eine substanzlose Fassade ist. Sie ist – nichts, und dahinter ist – auch nichts. Nur alldurchdringendes ewiges Bewusstsein. Formloses Gewahrsein. Gott. Das Absolute. Es ist das, was bleibt, für den, der den Tod bewusst durchschreitet. Hinter den Tod zu schauen, das ist nicht vielen Menschen während dieser körperlichen Inkarnation vergönnt. Es ist zugleich das Ziel und der Weg aller großen Weisheitstraditionen. Unverhofft und unfreiwillig geschah es mir durch einen schweren Autounfall und den folgenden Zustand des klinischen Todes, aus dem ich wieder erwachte. Danach war nichts mehr wie vorher. Ist die Schwelle des Todes einmal überschritten, dann ist die Welt nicht mehr die Welt, und der Tod nicht mehr der Tod.

Die Angst vor der Angst

1995 stellte mir ein Interviewer folgende Frage zur Angst (erschienen in *Mythos Erleuchtung*[4]): „In meinem Leben bemerke ich immer wieder eine unterschwellige Angst, die irgendwo im Hintergrund lauert. Was empfiehlst du?"

Ich antwortete: „Ich empfehle, die Aufmerksamkeit genau auf diesen Hintergrund zu richten. Die Angst kann sich nämlich genau dadurch aufrechterhalten, dass sie im Hintergrund erscheint." So einfach diese Empfehlung klingt, so schwierig scheint sie für den Selbsterforscher umzusetzen zu sein. Woran liegt das? Gibt es im geistig-emotionalen System namens „Angst" einen Mechanismus, der die Aufmerksamkeit davon abhält, ihren eigentlichen Kern wahrzunehmen? Und haben deshalb Angst und Realitätsverlust eine derart „intime Beziehung", wie ich zuvor erklärte? Es scheint fast so, als habe die Angst als einer der großen Schlüssel des Befreiungsweges des Wahrheitssuchenden einen Schutzmechanismus eingebaut, der sie vor ihrer eigenen Entdeckung bewahrt. In manchen inneren Lehren wird dieser Schutzmechanismus auch metaphorisch als ein Wächter beschrieben, ein abweisender Wächter, welchen der Suchende passieren muss, um Einlass zu finden in die innersten Räume – dort, wo das Geheimnis der Angst gehütet wird. Diese Darstellung ist eine Perspektive der inneren Disziplinen, welche Angst als einen verborgenen Schlüssel zur Freiheit verstehen, den es aufschließend anzuwenden gilt. Ich könnte auch sagen, Angst ist eines der großen Geheimnisse des inneren Weges, welches durch eine spezifische Form des Ablenkungsmanövers bewacht wird. Ich nenne es die *Zentrifugalkraft der Angst*. Zentrifugalkraft bedeutet übersetzt „die Kraft, die aus der Mitte flieht". Im Zuge dieser Fliehkraft flieht die Aufmerksamkeit an die Peripherie des Gesamtphänomens namens Angst. Dieser Mensch hat jetzt *Angst vor der Angst*, während ihr eigentlicher Kern – die Angst selbst – unterschwellig bleibt bzw. im Hintergrund lauert, so wie es der Interviewer im oben genannten Beispiel berichtete.

Vereinfacht könnte ich sagen, Angst verleitet die Aufmerksamkeit zur totalen Veroberflächlichung, weshalb die innere Erfahrungswelt unter dem Einfluss von Angst nicht selten verflacht. Den Angstgetriebenen treibt es beständig in die Peripherie, wo es nichts zu erkennen gibt. Es ist dieser Verlust der Tiefenwahrnehmung, welcher für den Realitätsverlust verantwortlich ist. Die allermeisten Menschen (um nicht zu sagen: alle Menschen) leben auf einem ständigen unterbewussten Erregungsniveau von Angst, welches ihnen den Zugang zu den endlosen Tiefen der Seele versperrt. Der Zustand von *Selbstversunkenheit* ist, wenn überhaupt, nur vorübergehend durch innere Praxis wie Meditation, oder Selbsterforschung, oder durch Darshan mit einem *Jnani*[5] möglich. Manchmal geschieht dieser Fall in die Seele auch für Momente einfach so, ohne erkennbaren Anlass.

Wenn ein gewöhnlicher Mensch also wahrnimmt, oder ausdrückt: „Ich habe Angst", was ja an sich schon einen gewissen Reifungsgrad erfordert, dann kann man davon ausgehen, dass er gar keine Angst hat. Er hat vielmehr *Angst vor der Angst.* Auch Feigheit genannt. Und diese „Angst" vor der Angst ist noch nicht einmal Angst, sondern vielmehr ein Gedanke. Er hat also eigentlich einen Gedanken vor der Angst und nicht Angst vor der Angst. Und dieser „Gedanke vor der Angst" ist der erste große Verschleierer. Auf diese Unschärfe möchte ich genauer eingehen.

Es gibt neben den vielfältigen Möglichkeiten geistiger Abwehr außerhalb des Systems „Angst" im Wesentlichen zwei Aspekte von Versuchung innerhalb des Systems

Angst, beides Aufmerksamkeitsverlagerungen, welche die Aufmerksamkeit davon abhalten, ins Zentrum der Angst vorzudringen, allesamt Arten der Veroberflächlichung. Der erste ist die *Rationalisierung*. Die Rationalisierung von Angst. „Ein erheblicher Anteil der Denkaktivität eines modernen westlichen Menschen dient nicht der eigentlichen Aufgabe, der kreativen Entfaltung von Intelligenz durch die drei Zentren, sondern der Rationalisierung und damit Abwehr von Angst innerhalb der Welt des denkenden Geistes." (s. Intelligenz des Erwachens[6], S. 182). Diese Rationalisierung ist die *Angst vor der Angst*, die Flucht vor der Angst in mentale Welten. Diese Flucht in den Kopf ist es, welche die so genannten Kopfmenschen ausmacht, im Enneagramm namentlich die Ennea-Typen 5, 6 und 7, doch sie hat sich seit der Aufklärung in der westlichen Gesellschaft auf alle Ennea-Typen ausgebreitet und ist zu einem kollektiven Übel geworden. Die *Rationalisierung* von Angst ist aus der Perspektive der Weisheitslehre eine der großen geistigen Krankheiten der Moderne, während sie aus der Perspektive des gewöhnlichen Menschen nichts anderes ist, als die Normalität. Und wenn das Krankhafte innerhalb der Normalität die Norm ist, dann verschwindet es in der Macht der Gewohnheit. Wahnsinn ist ganz normal, nur seine Spitzen, welche die Norm verlassen, werden auffällig.

Die erste, große *Rationalisierung* von Angst ist der Zweifel. Doch seitdem die Kantsche Idee der Mündigkeit durch die kollektive Aufklärung auch den „gesunden Skeptizismus" als eine Tugend verbreitete, ist die innere Sehschärfe, welche sich auf die krankhafte Leidenschaft des Zweifels richtet, geschwächt. „Mündigkeit ist Entidiotisierung" und

„mündig ist, wer für sich selber sprechen kann", schreibt der Philosoph Peter Sloterdijk und beschreibt damit das große Geistesgeschenk, welches die Aufklärung den westlichen Menschen gemacht hat. Dass die Kantsche Idee der Mündigkeit (denk selber!) jedoch vom aufsteigenden Abwehrbollwerk des unmündigen denkenden Geistes gegen die eigene Angst benutzt wird, das war in der Aufklärung, die auf Englisch *enlightenment* (Erleuchtung) heißt, so eigentlich nicht vorgesehen. So findet im Zweifel eine neue Form der „Idiotisierung" statt, (um bei der Begrifflichkeit von Sloterdijk zu bleiben), denn der Zweifel führt zu einer Entkopplung des 3. Gehirns von den unteren Zentren und ihren Wahrnehmungen, die als Bausteine einer beständigen Realitätsüberprüfung unverzichtbar sind. (s. auch S. 47 – *Dissoziation*).

Ich erinnere mich an den „Geschmack" dieser entkoppelten, entwurzelten geistigen Welt des Zweifels, in der bald nichts Reales mehr Bestand hat, da jede Wahr-Nehmung augenblicklich infrage gestellt und damit zersetzt wird. Wenn der denkende Geist, welcher dem Zweifel verfallen ist, dem Buddha selbst begegnet, so sieht er in seiner Abwertung der Realität bestenfalls noch einen harmlosen, älteren Herrn. So geschehen in Lucknow, Indien, als mich ein österreichischer Weggefährte (ein Ennea-Typ 6) fragte: „Sag mal, meinst du nicht, dass Papaji eigentlich nur ein freundlicher, älterer Herr ist?" Es brauchte einen Augenblick, bis die unerträgliche Arroganz in dieser Aussage in mir einen feinen Schmerz entfaltete. So bleibt Schülern, die an ihrem Meister zweifeln, nur der Weg zurück in die Angst, um wieder über ein Unterscheidungsvermögen zu verfügen, welches die Kraft innehat, Realität von Illusion zu trennen.

Im Lehrbuch *Intelligenz des Erwachens* beschreibe ich diese Form der Abwehr als *Translation:* Wenn in einem Gehirn ein bestimmtes Phänomen nicht wahrgenommen werden will, dann kann es in ein anderes Gehirn auf- oder absteigen und wird dann dort quasi in eine andere Sprache übersetzt. *Rationalisierung* ist die wesentliche *Translation* von Angst, derer sich der denkende Geist bedient. Die direkte Wahrnehmung von Angst im Herzzentrum ist aufgrund der zentrifugalen Kraftentfaltung schwierig und ohne das innere Wissen um diese von der Kirche verschwiegene Todsünde[7] praktisch unmöglich. Angst gehört zu den vorwiegend aufsteigenden Gefühlen (während Zorn beispielsweise zu den vorwiegend absteigenden Gefühlen zählt), was hier die Tendenz der *Translation* vom zweiten in das dritte Gehirn beschreibt. Einfach gesagt: Ich denke, anstatt zu fühlen. Therapeutische Intervention in Bezug auf „Angst", sowie jegliche Lebenshilfe („Der Angst ein Lächeln schenken.") bezieht sich streng genommen nicht auf die Angst selbst, sondern auf die Translation von Angst. In den allermeisten Fällen bezieht sich therapeutische Hilfe also auf die positive Veränderung der Angst vor der Angst, die Angst selbst wird nicht einmal berührt. Es war für mich eine ernüchternde Erkenntnis, einsehen zu müssen, dass in jahrelanger innerer Arbeit mit „Angst" die Angst selbst nicht einmal berührt worden war.

Manchmal beschreibe ich das geistig-emotionale System mit Namen „Angst" auch mit dem Bild eines Taifuns. Dieser Taifun wirbelt in seiner Peripherie viel Staub auf. In seinem Zentrum hat er ein stilles Auge, das *Auge des Taifuns*. Wer sich also in seinem Zentrum befindet, erfährt eine tiefe Stille. Erst durch diesen tiefen Fall in das

Innerste der Angst, durch das der Angst „auf den Grund gehen", durchtrennt das Auge der Erkenntnis die Illusion der geistigen Angstwelt.

Von Kind an bis ins Erwachsenenalter hinein hatte ich einen immer wiederkehrenden Alptraum: Ich lief auf der Flucht vor etwas, was ich nicht sehen konnte, über die Erdoberfläche. Mit jedem Schritt brach der Boden unter mir weg und ich sah im Augenwinkel, dass sich unter der Erdoberfläche, welche nur eine Schale war, das ewigschwarze All auftat. Das Nichts. In Panik rannte ich immer schneller. Doch je schneller ich rannte, desto schneller brach die Schale unter meinen Füßen weg. Dann wachte ich angsterfüllt auf. Es schien keine Lösung zu geben und so träumte ich den immer gleichen Traum über Jahre. Bis sich mir mit Hilfe der inneren Praxis eines Tages unvermittelt die Lösung präsentierte. Ich war, im Banne der Flucht, nie auf die Idee gekommen, ich könne auch anhalten. Anhalten war der Tod. Die Angst vor dem Tod und die Angst vor dem Fallen, sie zeigten sich auch hier als ein und dieselbe Angst. In jener Nacht träumte ich also diesen Traum wieder, und während des Traumes kam ich auf die Idee, ich könne einfach aufgeben und fallen. Ich erinnere mich noch an das bewusst erlebte Gefühl während des Fallens: Ein unendlicher Frieden breitete sich in mir aus, und ich erfuhr das erste Mal die Freiheit eines Seins jenseits von Angst. Seitdem habe ich diesen Traum nie wieder geträumt.

Die zweite Versuchung, welche der Erkenntnis des Wesens von Angst und damit ihrer endgültigen Heilung im Wege steht, ist die *Entladung*, der meist eine *Translation*, eine Übersetzung in ein anderes Zentrum, vorausgeht. Eine

Entladung über die Sprache (drittes Gehirn), oder eine Entladung über körperliche Bewegung (erstes Gehirn). Wenn ich das oben erwähnte Zitat zur *Rationalisierung* (aus: Intelligenz des Erwachens) auf die Entladung über die Sprache umformuliere, würde es lauten: „Ein erheblicher Anteil der Sprachaktivität eines modernen westlichen Menschen dient nicht der eigentlichen Aufgabe, der Kommunikation von Intelligenz, sondern der Entladung und damit Abwehr von Angst innerhalb der Welt des denkenden Geistes."

Wie viele der täglich gewechselten Worte, Auseinandersetzungen, Diskussionen, bei denen es entgegen dem Glauben der Beteiligten gar nicht um Inhalte geht, wären überflüssig, wenn sie ihrer verborgenen Aufgabe, der Entladung von Angst, entledigt wären? Wie viele der Surfbewegungen im Internet und der Kommunikation über soziale Medien? Sehr treffend beschrieb es ein Autor in der Wochenzeitung *DIE ZEIT*: „Ich brauche keine Zeitvernichtungsmaschine namens Facebook, um mir immer wieder zu bestätigen, dass ich bin. Ich weiß es auch so." Facebook als eine große, getriebene Inszenierung, eine gigantische Ablenkungsmaschinerie, um der Angst vor dem Nichts zu entrinnen. Was wäre, wenn stattdessen dieser Mensch bereit und in der Lage wäre, Angst in ihrem Zentrum einfach zu fühlen und ihrer still gewahr zu sein, anstatt sie übersetzen und entladen zu müssen? Wenn er bereit und in der Lage wäre, sie in absoluter, innerer Regungslosigkeit bis in ihr Zentrum zu durchdringen?

Umweltverschmutzung ist seit den 80er Jahren des 20. Jahrhunderts ein Thema, welches in Europa und in der Welt ein wachsendes Interesse der Gesellschaften erfährt. Notwendigerweise. Im wahrsten Sinne: Um die Not zu wenden. Die Not der Physis. Der Physis der Erde, sowie der Physis des Menschen. Doch was weiß die sogenannte „Öffentlichkeit", welche die konventionelle Bewusstseinsstufe der Masse vertritt, von *geistiger Verschmutzung*, um die Not des Geistes zu wenden? *Geistige Verschmutzung* beispielsweise durch *Entladungen*, wie die Entladung von Angst? Oder durch *Rationalisierung*, die kollektive geistige Krankheit der Moderne? Menschen reden viel. Endlose Diskussionsrunden im Fernsehen, Informationsfluten in allen Medien: Viele dieser Gedankenformen dienen ausschließlich der inneren Abwehr von Angst, der *Rationalisierung*, und wären vollkommen überflüssig in einem angstgefühlten Raum. Gab es in der Moderne seit der *Aufklärung* jemals eine öffentliche Aufklärung über Verschmutzung in der geistigen Welt? Nachdem die Aufklärung erheblich dazu beigetragen hatte, die Verschmutzung in der emotionalen Welt zu bereinigen? Wer an Aufklärung wirklich und endgültig interessiert ist, der beschreitet den inneren Weg.

Oder die Entladung über das erste Gehirn: Wie viele der Kampfsportler, Rennfahrer, Skater, Bungeespringer, Extremsportler, ja selbst ganz gewöhnlicher Jogger haben als eigentlichen Antrieb die Entladung von ständiger unbewusster Angst? Wie viele der Streitigkeiten (in denen es keinesfalls um Inhalte geht) bis hin zu kriegerischen Auseinandersetzungen? Wie viele der Bewegungen körperlicher Arbeit, Abenteuerreisen, Vergnügungen aller Art? „Wenn ich keinen Sex habe, bekomme ich Angst", sagte eine Buchautorin in einem Interview, die bezeichnenderweise verschiedene Tabu brechende Bücher über Sex geschrieben hat. Entladung bringt eine kurzfristige Erleichterung, weil sie die ständige innere Aufladung von Erregungsenergie durch Angst vorübergehend entlädt und der Angsterfüllte eine Entspannungspause einlegen kann. Entladung ist emotionale Symptomheilung. Doch der Heileffekt durch Entladung ist von äußerst kurzer Dauer, so dass ich von Heilung gar nicht sprechen möchte. Im Gegenteil: Zwanghafte, unbewusste Entladung refixiert die Angst im Geist des Menschen. Sie treibt die Aufmerksamkeit noch weiter in die Peripherie als die Rationalisierung, nämlich bis in die Veräußerlichung. Dorthin, wo Heilung der Angst unmöglich wird. Während der Kern der Angst unberührt bleibt. Kurzfristige Erleichterung, schnelle Linderung geht häufig auf Kosten der Heilung. Diese Befriedigung ist der Heilsweg der Unwissenden. Befriedigung anstatt Befriedung. Er hält nicht, was er verspricht.

Die ersten beiden beschriebenen Versuchungen, sowohl die *Translation* der *Rationalisierung*, als auch die *Entladung*, sind beides Folgen jener Kraft, die ich als *Zentrifugalkraft* der Angst dargestellt habe. Sie beschreiben Formen der Veroberflächlichung des Bewusstseins, die auch als Rückzug, innere Distanzierung, oder *Dissoziation* benannt werden können. Doch meint *Dissoziation* mehr als inneren Rückzug, oder innere Distanzierung. *Dissoziation* bedeutet Trennung: Die Zentrifugalkraft der Angst führt in letzter Konsequenz – wenn es keine bewusste Kraft gibt, die ihr entgegenwirken kann – dazu, dass „der innere Faden reißt". Wenn das geschieht, lebt der Angstbesetzte in einem geistig entkoppelten Zustand nicht gefühlter Angstwelten, ohne Rückbindung an das Selbst und vorübergehend ohne die Möglichkeit der Realitätsüberprüfung.

Zusammenhänge in der geistigen Angstwelt

Das *Enneagramm der Charakterfixierungen* erhebt den Anspruch, universell gültiges, inneres Wissen über verborgene Organisationsstrukturen des denkenden Geistes aufzuzeigen. So beherbergt der Ennea-Typ 6, der zentrale Angsttyp, nicht nur ein Wissen über das Unterbewusstsein von Menschen, die an diesem Punkt fixiert sind, sondern er macht universell gültige Aussagen über Zusammenhänge in der geistigen Angstwelt. Die *Sieben Schlüssel* (s. Abbildung 4 auf Seite 50/51) zeigen ihre Vernetzung durch Knotenpunkte, welche diese persönliche Welt zusammenhalten. Die genaue Kenntnis, das heißt die direkte wissende Erfahrung eines jeden dieser Knotenpunkte im eigenen Geist, birgt den Heilungsschlüssel für die Angst. Ich gebe das Bild eines Spinnennetzes (auch wenn es biologisch nicht ganz korrekt ist): Es wird durch bestimmte, im Bewusstsein verdunkelte Knotenpunkte zusammengehalten. Lösen sich diese Knotenpunkte auf, so fällt das gesamte Netz in sich zusammen. Man muss also nicht die Spinnenfäden einzeln aufrollen, man muss nur die Knotenpunkte lösen.

Die geistige Vernetzung des Ennea-Typs 6 wird in einschlägiger Enneagramm-Literatur hinreichend beschrieben, ich möchte hier deshalb nur auf einige Beispiele aus den *Sieben Schlüsseln* eingehen, welche die geistige Angstwelt aufschließen.

Die zentrale *Abwehr* in der Angstwelt, welche zugleich als eine Abwehr gegen Wahrheit im umfassenden Sinne, als auch als eine spezifische Abwehr gegen Angst verstanden werden kann, ist die *Projektion*. Dieser Mechanismus des Nach-außen-werfens eigener geistiger Inhalte mit dem Ziel, sich ihrer zu entledigen, ist ein weiterer Hinweis auf das, was ich als die „Zentrifugalkraft der Angst" beschrieb. Die paranoide geistige Welt wird durch die Interaktion zweier innerer Anteile, zweier Gegenspieler des Geistes, am Leben erhalten, die sich feindselig gegenüberstehen: Einer, der sich bedroht fühlt und einer, der bedroht. Ein Bedrohter und ein Bedroher. Diese innere Situation von Feindseligkeit – Feindseligkeit gegen sich selbst – ist ziemlich beängstigend und schwer auszuhalten: Ich bedrohe mich selbst. Ich mache mir selbst Angst. Neutral gesprochen ist sie erregt und intensiv. Zu intensiv, unerträglich intensiv, so dass ein Teil aus der Nähe flieht und nun im Außen in Erscheinung tritt. Watzlawicks berühmte „Geschichte mit dem Hammer" beschreibt auf humorvolle Art und Weise klug die Projektion von Feindseligkeit, indem der Bedroher hinausgeworfen wird:

„Ein Mann will ein Bild aufhängen. Den Nagel hat er, nicht aber den Hammer. Der Nachbar hat einen. Also beschließt er, hinüber zu gehen und ihn auszuborgen. Doch da kommt ihm ein Zweifel: Was, wenn der Nachbar mir den Hammer nicht leihen will? Gestern schon grüßte er mich nur so flüchtig. Vielleicht war er in Eile. Aber vielleicht war die Eile nur vorgetäuscht und er hat etwas gegen mich. Und was? Ich habe ihm nichts angetan; der bildet sich da etwas ein. Wenn jemand von mir ein Werkzeug borgen wollte, *ich* gäbe es ihm sofort. Und warum er nicht? Wie kann man einem Mitmenschen einen so einfachen Gefallen abschlagen? Leute wie dieser Kerl vergiften einem das Leben. Und dann bildet er sich auch noch ein, ich sei auf ihn angewiesen. Bloß weil er einen Hammer hat. Jetzt reicht's mir wirklich. – Und so stürmt er hinüber,

Abbildung 4: Die sieben Schlüssel im Enneagramm der Charakterfixierungen

Ennea-Typ	Archetyp	Urverlust + heilige Idee	Die sieben	
			kognitiver Fehler	Leidenschaft
8	Der Krieger	Wahrheit	Rachsucht	Wollust
9	**Der Heilige**	**Liebe**	**Selbst-vergessenheit**	**Bequemlichkeit**
1	Der Herrscher	Vollkommenheit	Perfektio-nismus	Zorn
2	Die Mutter	Freiheit	Schmeichelei	Stolz
3	**Der Magier**	**Gesetz**	**Täuschung**	**Eitelkeit**
4	Der Künstler	Ursprung	Enttäuschung	Neid
7	Der Narr	heilige Arbeit/ Werk Gottes	Betrügerei	Völlerei
6	**Der Held**	**Vertrauen**	**Verrat**	**Angst/Zweifel**
5	Der Philosoph	Weisheit	Distanzierung	Habsucht

Schlüssel im Enneagramm der Charakterfixierungen				
Tugend	**Vermeidung**	**Abwehr**	**Versuchung/ Falle**	**Aufmerksam-keitsstil**
Unschuld	Schwäche	Leugnung	Gerechtigkeit	eigene Macht, Ohnmacht des anderen
Intuitives Handeln	**Konflikt**	**Selbst-betäubung**	**Suchen**	**Einstellung anderer**
Heitere Gelassenheit	Zorn	Reaktions-kontrolle	Perfektio-nismus	Urteil: Was ist richtig? Was ist falsch?
Demut	Bedürfnisse	Verdrängung	freier Wille	emotionale Bedürfnisse anderer
Wahr-haftigkeit	**Versagen**	**Identifi-kation**	**Effizienz**	**Realisierung von Projekten**
Gleichmut	Sich-verloren-fühlen	Introjektion	Authentizität	Das Beste im Abwesenden/ das Schlechteste im Vorhandenen
Nüchternheit	Schmerz	Rationali-sieren	Idealismus	erfreuliche Alternativen
Mut	**Sich zu erkennen geben**	**Projektion**	**Sicherheit**	**Bedrohung von „außen"**
Nicht-Anhaften	Leere	Dissoziation	Beobachten	Erwartungen anderer

läutet, der Nachbar öffnet, doch noch bevor er „Guten Tag" sagen kann, schreit ihn der Mann an: „Behalten Sie ihren Hammer für sich, Sie Rüpel!"[8]

Diese nicht-reale Projektion, welche in dieser kleinen Geschichte noch harmlos auftritt, kann zu bestimmten Zeiten, an bestimmten Orten zu einer realen Gefahr für Leib und Seele erwachsen. Besonders in Zeiten, in denen kollektiv Angst in Gewalt entladen wird. So schreibt der aus Südafrika stammende Professor Alan Kramer über die Kriegsgräuel, welche die deutschen Truppen zu Beginn des Ersten Weltkriegs 1914 in Belgien verübten: „Die Deutschen erlagen in jenen Monaten einer regelrechten Massenpsychose. Die deutsche Militärpropaganda hatte den deutschen Soldaten eine geradezu panische Angst vor Freischärlern eingeimpft. In manchen Orten, wie in der belgischen Stadt Löwen, ermordeten sie Hunderte Unschuldige, darunter oft Frauen und Kinder. Widerstandskämpfer gab es jedoch, wenn überhaupt, nur in verschwindend geringer Zahl. Das deutsche Invasionsheer bekämpfte eine Angstfantasie, eine Fiktion."

Der *Aufmerksamkeitsstil* des Ennea-Typs 6 heißt *Bedrohung von außen*, präziser müsste es heißen: „eingebildete Bedrohung von außen". Gebannt ist die Aufmerksamkeit des Angstbesetzten auf vermeintlich äußere Bedrohungen gerichtet und seine Wachsamkeit vergeudet sich im stetigen Absuchen der äußeren Umgebung. Umgeben von potentiellen Feinden, ist sie in der Folge mit Verteidigung durch vorsorgliche Attacken sowie deren Planung und Vorbereitung beschäftigt, denn Angriff ist die beste Verteidigung. Als Alternative bietet sich die Flucht an, sollte ein Angriff aufgrund der Stärke des Gegners nicht infrage kommen. Währenddessen ist die Wahrnehmung innerer Feindseligkeit verlorengegangen. Der Feind sitzt nicht mehr im eigenen Haus, er klopft jetzt von außen an die Eingangstür. Durch den Vorgang der Projektion gewinnt der Feind im Außen an Macht. Er kann übermächtig werden, so dass die innerlich verbleibende Erfahrung von Hemmung sich bis in eine Lähmung ausweiten kann.

Heilige Kraft ist einer der Namen für die Heilige Idee[9] an Punkt 6 des Enneagramms, wo sich im *Enneagramm der Charakterfixierungen* der Ennea-Typ des Helden bildet. An den Lehren des *Weges der Kraft*, die u.a. von Carlos Castaneda beschrieben werden, hat das innere Wissen vom Umgang mit dem Gegner einen großen Anteil. In dem Lehrbuch *Intelligenz des Erwachens* zitiere ich die von Ramana Maharshi erzählte Geschichte von der Begegnung eines Hatha Yogi mit einem advaita-Meister:
Eines Tages begegnet der *Jnani* Gorakhnath, einem *Hatha-Yogi,* der ihm gegenüber erklärt: „Dank meines Hatha Yoga habe ich die Kraft, von einem Schwert getroffen zu werden, ohne einen Kratzer zu erleiden. Versuche es. Ich fordere dich heraus, eine derartige Kraft mit deinem Yoga des Wissens zu zeigen." Der *Jnani* nimmt die Herausforderung an und schlägt den Hatha Yogi einige Male. Das Schwert ist abgebrochen, doch der Hatha Yogi hat keinen einzigen Kratzer davongetragen. Als der Hatha Yogi nun den *Jnani* schlägt, durchdringt das Schwert den Körper wie einen Schatten, ohne auf den geringsten Widerstand zu stoßen. Der *Jnani,* lächelnd, schaut seinen Gegner an und spielt mit den Sanskrit-Wörtern *Kaya* und *Chaya,* was bedeutet Körper und Schatten. Der Hatha Yogi verbeugt sich.[10]

Der *Jnani*, der Wissende, ist vollkommen durchlässig und deshalb für den Gegner nicht mehr zu treffen, u.a. deshalb, weil er keine projizierten Feinde mehr im Außen hat und die *Kraft* vollständig in ihn zurückgekehrt ist. Betrachten wir erneut die Situation der Lähmung gegenüber der Angst. Die Angst ist der Hauptfeind des Angstbesetzten, der eigentliche Bedroher hinter den verschiedenen, veräußerlichten Fassaden geistig projizierter Inhalte, die ihm dann in Form von anderen Menschen, Autoritäten, Institutionen, Systemen entgegenkommen. Als junger Mann und „Spätachtundsechziger" kämpfte ich in ohnmächtiger Wut gegen die Staatsmacht. In dieser unwissenden Veräußerlichung war ich noch weit davon entfernt zu realisieren, dass mein eigentlicher Kampf der Angstmacht in mir selbst galt. Wäre ich damals einem Meister des inneren Weges begegnet, der mir erklärt hätte, das Ganze sei nur ein Ablenkungsmanöver, um von meinem eigentlichen Gegner – der Angst – abzulenken, ich hätte auch ihn bekämpft. Weil ich ihn nicht verstanden hätte. Und weil ich das nicht hätte hören wollen.

Wir müssen auf dem inneren Weg zwischen *äußerer Projektion* und *innerer Projektion* unterscheiden. In der *äußeren Projektion* werden Inhalte des eigenen Geistes auf äußere Objekte, meist sind es andere Menschen, projiziert. Doch selbst wenn in der geistigen Angstwelt diese Projektion des Bedrohers im Außen zurückgenommen wurde, so bedeutet das noch lange nicht, dass er nicht mehr projiziert wird. Die nächste Stufe ist die innere Projektion. Im inneren geistig-emotionalen System Angst ist die Angst immer noch projiziert, selbst wenn sich die Aufmerksamkeit nach innen zurückgezogen hat, um das innere Bedrohungsszenario wahrzunehmen. Sie unterliegt einer *inneren Projektion*, die vermeintlich innere Angst wird immer noch als „außerhalb von mir" wahrgenommen, so dass die *Kraft* bei der Angst liegt, welche mich bedroht und nicht bei *mir selbst*. Nach der Methode der Umkehrung von Byron Katie lasse ich einen angstbesetzten Schüler in dieser Situation nun zunächst diesen Satz aussprechen, z.B. „Angst hindert mich daran, mich zu entfalten." Die Umkehrung lautet: „Ich hindere Angst daran, sich zu entfalten." Ein weiterer, häufiger Satz lautet: „Angst lähmt mich." Oder: „Ich fühle mich von Angst gelähmt." Hier lauten die Umkehrungen der *inneren* Projektion: „Ich lähme Angst." Und: „Ich fühle mich von mir selbst gelähmt." Eine weitere mögliche Umkehrung lautet: „Angst fühlt sich von mir gelähmt." Diese Methode der Umkehrung kann zu einem einfachen Taschenspielertrick verkommen, wenn sie nicht eingebettet ist in ein spirituelles Lehrgebäude eines inneren Weges, getragen von der ernstzunehmenden Absicht, das Innerste zu *sehen*. Dann jedoch wird sie zu einem machtvollen Instrument innerer Praxis, welches die Projektionen des Geistes – die äußeren, wie die inneren – zurückholt und mit ihr die *Kraft*. Jede Form der Lähmung wird auf diese Weise aufgelöst.

Respekt gegenüber dem Gegner ist die Grundvoraussetzung, damit der Schüler des *Weges der Kraft* ihm Auge-in-Auge gegenübertreten kann. Selbstunterschätzung führt zur Überschätzung des Gegners, Selbstüberschätzung führt zur Unterschätzung des Gegners. Falsche Erniedrigung unter den Gegner oder falsche Überhöhung über den Gegner, beide Haltungen befinden sich nicht in Respekt mit dem Gegner und verhindern die Begegnung Auge-in-Auge, in der die Projektion zurückgeholt werden kann. Es ist eben dieser Zusammenhang zwischen mangelndem Respekt und der Bedrohung durch einen mächtigen Gegner im vermeintlichen Außen, der dem Angstbesetzten nicht einsichtig und damit nicht gegenwärtig ist. Der Ennea-Typ 6 als Repräsentant der geistigen Angstwelt offenbart diesen Zusammenhang: Er misstraut und sägt an allen höher stehenden Autoritäten und übersieht dabei, dass er sich selbst als die höchste Autorität inthronisiert. Sichtbar ist dies auch in der Schüler-Lehrer Beziehung auf dem spirituellen Weg, wenn die Liebesbeziehung zum Meister im Schüler umkippt in eine Angstbeziehung. Dies ist gewöhnlich ein deutliches Signal dafür, dass die Arroganz im Geiste des Schülers ihm die Sicht auf die natürliche Haltung des Respektes in Liebe verstellt. Muss der Schüler noch Angst haben vor einem Gegner, wenn er ihn vollkommen respektiert, oder ist es

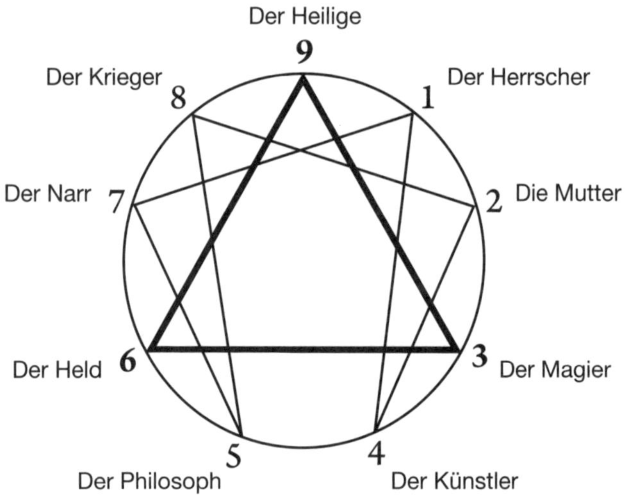

Abbildung 5:

Enneagramm der Archetypen

nicht vielmehr seine eigene Missachtung und Überhöhung, die in ihm Schuld erzeugt? Und Schuld, die in ihm wiederum Angst erzeugt? Es geschah für mich eine der bahnbrechenden Erkenntnisse in der Aufschlüsselung geistiger Angstwelt, als ich sehen konnte, dass der Zustand von Unschuld nicht in der Lage ist, Angst zu generieren.

Einen wesentlichen Schlüssel zur Entschlüsselung des Systems Angst allerdings finden wir nicht innerhalb der geistigen Strukturen des Angst-Typs (Ennea-Typ 6) selbst. Dazu ist es notwendig, jenen Ennea-Typ aufzurufen, der das Zuhause des Über-Ichs stellt, der Ennea-Typ 1 (s. Abbildung 5). Welche entscheidende Rolle spielt das Über-Ich in der Aufrechterhaltung des Systems Angst? Lange war mir ein Zusammenhang verborgen geblieben, der zu offensichtlich war, um sogleich in seinem vollen Ausmaß erkannt zu werden. Eines Tages arbeitete ich mit einer Schülerin, die sich im Ennea-Typ 1 fixiert hatte. Das Thema der Angst hatte bei ihr in der Inneren Arbeit bis zu dem Tag über viele Jahre keine Rolle gespielt und während dieses Dialoges wurde mir mit einem Schlage klar, warum. Das Über-Ich hat eine simple, aber hoch effektive Lösung für Angst: Angst wird einfach verboten, denn „was nicht sein darf, das nicht sein kann". Der Über-Ich dominierte Mensch, der Ennea-Typ 1, lebt in einer naiven Restwelt des Bewusstseins, jener Welt, die übrigbleibt nach dem Abzug aller Welten, die verboten worden sind. Und die Welt der Angst gehört in der Regel nicht zur erlaubten Restwelt, welche harmlos genug ist, um sich dem drohenden Verbot des Über-Ichs zu entziehen.
Solange Angst verboten ist, bleibt die Heilung von Angst verschlossen.

Die Heilung von Angst

Im Enneagramm beschreibt der Ennea-Typ 6 die Systematik der Angstwelt im denkenden Geist. Nur auf den ersten Blick scheint es sich um einen unauflösbaren Widerspruch zu handeln, dass ausgerechnet dieser zutiefst angstbesetzte Typus von allen Strukturen des Geistes derjenige ist, in der Angst am wenigsten wahrgenommen werden kann. Ich fragte einmal einen Schüler, der im Ennea-Typ 6 fixiert war, warum er keine Angst habe. Er antwortete: „Ich habe mein gesamtes Leben so organisiert, dass es dazu gar nicht kommen kann. Überall sind Sicherheitsnetze mit doppeltem Boden ausgelegt. Versagt eine Schicht, greift sofort die nächste." Das Angstsystem des denkenden Geistes ist ein System, welches in Kompensationen lebt. Die *Falle* des Ennea-Typs 6, eine der sieben Heilungsschlüssel, nennt sich *Sicherheit*, die Kompensation für Angst. Indem er nach *Sicherheit* sucht, vermeidet er die Heilung von Angst, obwohl seine Absicht die exakt gegenteilige war, denn die Erfahrung vermeintlicher Sicherheit stellt sich für den Angstbesetzten als heilsamer Zufluchtsort dar: ein Ort der Ruhe und Entspannung. So verleitet die Falle zu einer Imitation von Angstheilung: Das ganze Streben des Angstbesetzten ist darauf ausgerichtet, sich an Orte zu begeben, an denen er keine Angst hat. Der sogenannte Kontraphobiker bildet hier nur eine scheinbare Ausnahme, denn seine heldenhaften Siegeszüge im Kampf gegen die Angst verfolgen das gleiche Ziel, nur seine Methode ist eine umgekehrte.

Angst ist eines der größten Hindernisse des Erkenntnisweges und so scheitern viele Schüler an der Falle der

Sicherheit, die sich immer dann als vermeintliche Angstheilung anbietet, wenn das Erregungsniveau von Angst eine Schwelle überschreitet, welche eine Überlebensgrenze des Ichs markiert. Besonders in der Beziehung zu einem lebenden spirituellen Meister projiziert die geistige Angstwelt des Schülers hemmungslos die Masken des Todes auf die Form des Lehrers, von denen er sich infolge bedroht fühlt. Dass es sich tatsächlich um eine *Projektion,* also um eine Illusion des eigenen Geistes handelt, wird vom Kindschüler gar nicht, oder nur unzureichend erkannt. Seine Aufmerksamkeit ist in dem Moment gänzlich davon eingenommen, alternative Orte zu finden, an denen er sich *sicher,* oder zumindest *sicherer* fühlen kann. Der Flüchtende hat keine Zeit, sich umzudrehen, um wirklich herauszufinden, wer ihn verfolgt. Er will weg. Einfach nur weg. Weg von diesem Ort der Bedrohung, diesem Ort des Todes. Heilung jedoch bedeutet für den Flüchtenden: Anhalten. Denn wahre Heilung kann nur dort geschehen, wo die vermeintliche Bedrohung stattfindet.

Eine Schülerin, selbst eine Angstfixierung im Enneagramm, beschrieb diesen Ort der *Sicherheit* in einem Brief: „Es gibt ein kindliches Paradiesempfinden, es fühlt sich an wie Einssein, Geborgensein, Glücklichsein. Angst existiert, steigt aber nicht auf. Es gibt eine tiefe Verwechslung zwischen diesem Paradiesempfinden und Erleuchtung in mir." Die Falle der Sicherheit schafft nicht nur einen angstfreien Raum, sie weist sogar den Weg in die Liebe in einem regressiven „Paradies", das von so vielen spirituellen Suchern für das Paradies selbst gehalten wird. Ein regressives Paradies als Kompensation für Angst. Anhand dieser von Ken Wilber vielzitierten Prä/Trans-Verwechslung[11] sind unreife Kindschüler von denjenigen Schülern zu unterscheiden, die ein ernstzunehmendes Interesse an vollständiger Angstheilung in sich tragen und „es wirklich wissen wollen". Ein Leben ohne Angst ist möglich, wenn derjenige bereit ist, Angst genau dort zu begegnen, wo sie entsteht: in vollkommener Un-Sicherheit. Diese bewusst erlebte Un-Sicherheit ist ein großer Heilungsschlüssel für die Angst. Es gibt keine *Sicherheit*. Die Heilung von Angst geschieht *in* der Angst, nicht außerhalb von ihr.

Angst, welches übersetzt „Enge" bedeutet (von *lat. angustus* eng) geht mit einer Erfahrung innerer Einengung, einer Erfahrung von Begrenzung einher. Im Spiegel des Ennea-Typen 6 lehrt das Enneagramm, dass die bewusste Erfahrung von, und der Respekt gegenüber, natürlichen Grenzen eine der großen Lernaufgaben des Angstbesetzten ist. Abbildung 6 zeigt im zentralen, inneren Dreieck des Enneagramms den Willen in seiner Auseinandersetzung mit expansiven und reduktiven Kräften an Punkt 3 und an Punkt 6. Die Erfahrung grundsätzlicher SEINS-Gehemmtheit und Einengung ist somit nur die eine Seite der unnatürlichen Annäherung (bzw. Nichtannäherung) an Grenzen. Die andere Seite, jene Seite, welche der Angstbesetzte nur allzu gern ausblendet, nennt sich im Ennea-Typ 6 „Größenwahn", „eine Vorliebe für das, was größer ist, als das Leben", sowie eine „Vergöttlichung bzw. Dämonisierung des Gewöhnlichen" durch eine „wahrgenommene Erhabenheit von Idealen", wie Claudio Naranjo feststellt. Doch auch die geistige Abwehr des Zweifels ist mit dem Begriff des Größenwahns bestens charakterisiert: „Wer die rücksichtslose Kultur purer Expansion erlernen will, sollte beim Zweifel in die Lehre gehen. Ein zweifelnder Gedanke

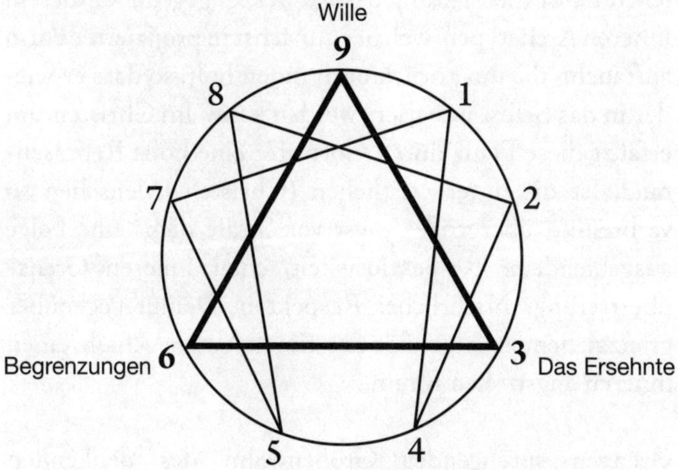

Abbildung 6:
Enneagramm der Dynamik der drei Kräfte

erweckt sofort den nächsten, der unverzüglich drei weiteren das Leben schenkt. Bald gibt es nichts mehr, was er nicht befallen hat." (Intelligenz des Erwachens, S. 420 f)

Dieser Drang, natürliche Grenzen und damit grenzsetzende Kräfte nicht zu achten, zeigt sich auch in der ambivalenten Beziehung zu hierarchisch höhergestellten Autoritäten: Er verehrt sie, aber er misstraut ihnen. Er verhält sich ihnen gegenüber unterwürfig, aber heimlich beansprucht er selbst ihren Platz. Er ist ihnen gegenüber loyal, aber er würde sie jederzeit verraten. Der Archetyp des Vaters spielt in der Heilung der Angstwelt folglich eine entscheidende Rolle, ist es doch jene Figur, welche durch innere Autorität natürliche Grenzsetzung in Liebe lehrt. Es ist die Haltung des Respektes gegenüber diesem inneren Archetypen, welcher zunächst in projizierter Form auftaucht, die ihn zurück nach innen holt, so dass er wieder in das Selbst integriert werden kann. Im Christentum erfährt diese Figur durch Gottvater eine hohe Repräsentanz. Ist die unter westlichen (Christen-)Menschen so verbreitete, übergroße Angst vor Strafe nicht eine Folge ausgeblendeter Respektlosigkeit, einer inneren Grenzübertretung? Natürlicher Respekt in Demut gegenüber grenzziehender Autorität des Einen Vaters schafft einen inneren angstfreien Raum.

Grenzen sprengender Größenwahn des denkenden Geistes verschafft dem Angstfixierten eine Illusion von Freiheit („Die Gedanken sind frei."). In Wirklichkeit handelt es sich um eine tiefgreifende Störung des inneren Gleichgewichtes, welches aus der dynamischen Vereinigung expansiver und reduktiver Kräfte besteht. Wenn die reduktiven Kräfte nicht geachtet werden, dann verkommt *Mut* (die heilende Tugend für die Angst) zu *Über-Mut* und *Sinn* verkommt zu *Leicht-Sinn*. Wenn Friedrich Nietzsche konstatierte, „die Furcht [sei] die Mutter der Moral", so impliziert das ein Wissen darüber, dass eine moralisch integere Entwicklung des Menschen einen Respekt gegenüber den reduktiven Kräften Grenzen setzender Autorität des Vaters voraussetzt. Wer Freiheit auf dem inneren Weg sucht, der braucht die Bereitschaft, zunächst eine Einschränkung seiner Scheinfreiheit in Kauf zu nehmen, wie sie grundsätzlich in jedem sogenannten „freien Willen" zu finden ist. Um jegliche Fesseln zu sprengen, lässt sich der Adept bewusst an die Kette legen.

Mut ist tatsächlich ein erstes, wesentliches Heilmittel für die Angst. Es führt heraus aus der eingeengten inneren Situation, die bis zu einer inneren Lähmung auswachsen kann und führt den Geist zurück in die Position des Handelnden, der wieder „Herr im eigenen Hause" ist. Doch wie der Mut den Angstbesetzten im ersten Heilungsschritt aus der Angst herausführt, so muss er ihn im zweiten in die Angst zurückführen, um zu *Angst-Mut* zu werden. *Angst-Mut* ist der Mut *in* der Angst, nicht mehr außerhalb von ihr. Angst und Mut im selben Moment – nicht getrennt, sondern eins – leiten den Prozess der Transformation ein. Die Transformation eines physisch-emotional-geistigen Systems, welches sich ehemals „Angst" nannte.

„Angst hat sich in dir dort ausgebreitet, wo du dich von der Liebe abgewandt hast.", ist ein Satz, den ich immer wieder zu Schülern sage. Wenn jemand sein Herz verlässt und auf diese Weise seinen Wohnort, sein Haus aufgibt, dann wird dieses Haus neu besetzt – von einem unbequemen Mieter. Dieser Mieter, der beginnt sich einzunisten, er heißt Angst. In der Liebe hat Angst keinen Platz mehr. Sie schmilzt. *Mut* ist ein sehr spezifisches, aber kleines Heilmittel für die Angst. Die Liebe, sie ist ein ganz großes, ein All-Heilmittel.

Angst ist ein Gefühl. Ein Gefühl ist ein inneres Phänomen von äußerster Feinheit zwischen Körperempfindungen (erstes Gehirn) und Gedankenformen (drittes Gehirn). Um zum reinen Gefühl selbst zu gelangen, ist es notwendig, die Aufmerksamkeit sowohl von peripheren Körperphänomenen der Angst, wie Verkrampfung, Anspannung, oder Lähmung, als auch von allen Geschichten des denkenden

Geistes (Rationalisierungen) abzuziehen, und sie auf das zu richten, was dazwischen liegt. Angst ist das mit Abstand feinste und flüchtigste unter den sogenannten „negativen" Gefühlen; entsprechend verlangt es nach großer Feinheit des Wahrnehmenden, um dieses Gefühl überhaupt in seinem Kern wahrnehmen zu können. Da dieses Gefühl in seinem Kern zudem durch Zentrifugalkräfte „bewacht" und geschützt wird, braucht es eine bewusste Richtungsumkehrung der Aufmerksamkeit, um zum Kern des Gefühls selbst zu gelangen. Diese Richtungsumkehrung ist keine einfache Anweisung für den Schüler, da sie von ihm verlangt, genau entgegengesetzt zu der (Flucht-)Richtung seines Geistes vorzugehen. Der Lehrer weist ihn an, mit seiner Aufmerksamkeit in den Ort hinein zu schmelzen, an dem die Intensität der Bedrohung am stärksten ist. Alles in ihm sträubt sich zunächst, denn es handelt sich um eine Anweisung gegen seinen Überlebensmodus. Ist das Vertrauen und die Liebe zum Lehrer jedoch größer, folgt seine Aufmerksamkeit in die Tiefe und die Ent-Deckung des Geheimnisses der Angst geschieht. Bis einzig eine stille Qualität vibrierenden Seins übrig bleibt. Reine, unpersönliche Erregung. Vibrierendes Sein, erfahren von einem stillen Zeugen. „Es ist eine innere Intensität, die ich bisher ‚Angst' nannte. Vor nichts Konkretem. Wie eine heftige Grundschwingung, deren Grund oder Anlass ich nicht kenne. Ich konzentriere mich darauf, nichts daran zu verändern, nichts zu erklären, mich innerlich nicht zu bewegen" (aus einem an mich gerichteten Brief eines Schülers). Alles, was der Suchende bisher „Angst" nannte, hat sich aufgelöst und der Kern von Angst wandelt sich im natürlichen Zustand in Ehrfurcht.

Hier angekommen, erweist sich auch das überlebensgroße Damoklesschwert des Nicht-Seins als eine reine Angstphantasie, im wahrsten Sinne ein Hirngespinst.
„Nichts kann aus einem absoluten Nicht-Sein hervorgehen, nicht einmal etwas, das nur scheinbar ist, nicht eben eine Illusion." (Sri Aurobindo)[12]

Anmerkungen

1 … [das] „*Gesetz der Drei*, welches Gurdjieff als ein universelles, ein kosmisches Gesetz bezeichnete. Dieses Gesetz besagt, dass sich die gesamte Manifestation aus einer Dreiheit entfaltet, dass es drei grundlegende Kräfte gibt, welche an der Manifestation beteiligt sind: 1. eine gebärende, schöpferische Kraft, 2. eine bewahrende, wegweisende, oder auch vermittelnde Kraft, sowie 3. eine zerstörerische oder auch auflösende Kraft. Diese Kräfte finden sich in der Dreiheit von Geburt, Leben und Tod wieder." Aus: OM C. Parkin, Intelligenz des Erwachens – Die spirituelle Neugeburt des Menschen, advaitaMedia 2010, S.170/171

2 Ich bat den Evolutionsbiologen Professor Dr. Josef Reichholf von der Technischen Universität München um eine Stellungnahme zu der Frage, wie wir Angst in Reptilien und in Säugetieren differenzieren können. Diese Frage ist deshalb von außerordentlichem Interesse, weil diese beiden Tierarten den Entwicklungsstufen des 1. und des 2. Gehirns in der Evolution des Menschen zuzuordnen sind. Hier ein Auszug aus seinem Brief vom 11.07.2014 an mich:
„Aus … physiologischen Gründen können wir davon ausgehen, dass Säugetiere Angstsituationen grundsätzlich ähnlich empfinden wie wir. Von Art und Struktur der Hirnareale ist das weniger abhängig. Bei diesen geht es mehr um das Problem, in wie weit Angst bewusst wird bzw. werden kann oder lediglich ein allgemeiner Zustand ist, der entsprechende Gegenreaktionen auslöst.

Das Verhalten uns vertrauter Tiere, wie z.B. von Hunden, die mit Menschen leben, legt die Annahme nahe, dass die Ähnlichkeiten im bewussten Empfinden von Angst groß sind (wie jeder Hundebesitzer versichern wird). Grundsätzlich zeigen sozial lebende Säugetiere mehr und differenzierter ihre Angst als weitgehend solitäre. Solche ziehen sich möglichst in einen Schlupfwinkel zurück, wie etwa die Hauskatze, während der Hund in seiner Angst beim Menschen Schutz oder Beruhigung sucht. Bei Schimpansen ist letzteres Verhalten sehr ausgeprägt – bis hin zur gegenseitigen Umarmung in Angst machenden Situationen.
Verängstigte Vögel, die nicht spontan mit Flucht reagieren können, verhalten sich dagegen ähnlich wie Reptilien (mit denen sie auch viel näher als mit den Säugetieren stammesgeschichtlich verwandt sind!). Bei diesen sind Angst und Fluchtreflexe in der Regel stark gekoppelt. Ist Flucht nicht möglich, kommt es oft in einer Art von physiologischer Übersprungreaktion zum Scheintod oder tatsächlich zum plötzlichen Herztod. „Scheintod", das „Vortäuschen" von Tod, wird als Schutzreaktion gedeutet: „Sichtotstellen" genannt. Es kommt auch bei Säugetieren/Menschen vor: „Starr vor Schreck".
Sehr alte Reaktionen und Steuerungen in Gehirnarealen verschränken sich in derartigen Extremsituationen nicht selten untrennbar mit „jungen", sogar mit erlernten Verhaltensweisen. Jedenfalls ist davon auszugehen, dass es nicht nur bei Menschen/Säugetieren, sondern auch bei Reptilien mit ihrem „Reptilienhirn" Angst gibt, die sich physiologisch direkt nachweisen und im Ausmaß der Ausschüttung von Stresshormonen quantifizieren lässt. …"

3 Ausführliche Darstellung des Themas s. OM C. Parkin, Intelligenz des Erwachens, S. 166 ff; weitere Hinweise s. Index dort

4 OM C. Parkin, Mythos Erleuchtung, advaitaMedia, 2. Aufl. 2003

5 *jnanin* (Sanskrit): der Weise, der die Dualität als Illusion endgültig erkannt hat und die Non-Dualität als Realität in Absolutheit erfährt und in ihr verweilt

6 OM C. Parkin, Intelligenz des Erwachens – Die spirituelle Neugeburt des Menschen, advaitaMedia, 1. Aufl. 2010

7 *Die 7 Todsünden*, die *vitia principalia* der Kirchenlehre, welche auf eine Neuordnung durch Papst Gregor I im 6. Jahrhundert zurückgehen, decken sich mit sieben der neun im *Enneagramm der Egostrukturen* unterschiedenen *Leidenschaften*. Im Enneagramm ist eine Hierarchie zwischen den Leidenschaften sichtbar. Alle neun Leidenschaften gehen auf drei Grundleidenschaften des Egos zurück: Bequemlichkeit, Eitelkeit und Angst. Ausgerechnet in dieser Trias fehlen in der Kirchenlehre zwei von Dreien, nämlich Angst und Eitelkeit. Dass die Eitelkeit in der Sündenheptas der Kirche nicht auftaucht, erklärt sich daraus, dass sie vom genannten Stolz (*superbia*) nicht klar differenziert wird. Die Angst hingegen ist auch in Ableitungen (z.B. Zweifel, Feigheit oder Misstrauen) nicht existent, sie ist gänzlich verschwunden. So stellt sich die Frage: Warum konnte diese wesentliche Leidenschaft von großen Kirchengelehrten bis heute nicht als absolut zentral im Leidengeschehen des Menschen erkannt werden? Dies legt die Vermutung nahe, dass es ein persönlich motiviertes Desinteresse, einen blinden Fleck, im Dienste des Machtgefüges der Institution Kirche gab, Angst überhaupt als eine Todsünde bei den Gläubigen zu titulieren. (s. auch: Vortrag OM C. Parkin, Die sieben Todsünden, CD, advaitaMedia 2004)

8 Paul Watzlawick, Anleitung zum Unglücklichsein, Piper 1983, S.37 f

9 Die Lehre von den *Heiligen Ideen* ist eine der höchsten und komplexesten Lehren des Enneagramms. Die *Heiligen Ideen* beschreiben in neun verschiedenen Perspektiven das Wesen der Realität, so wie sie objektiv ist – jenseits subjektiver Wahrnehmungsverzerrungen durch einen denkenden Geist. *Heilig* bedeutet hier also „objektiv gesehen", „so, wie die Dinge jenseits geistiger Verblendung wirklich sind".
„Jede *Heilige Idee* präsentiert eine bestimmte implizite Wahrheit über die Realität, eine bestimmte Facette dessen, wie die Wirklichkeit ist und wie sie erscheint. Wenn wir die Wirklichkeit, wie sie ist, ohne Filter sehen, erkennen wir diese neun *Heiligen Ideen* als verschiedene Manifestationen von ihr." A.H. Almaas, Facetten der Einheit, Kamphausen Verlag 2004 , S. 243

10 Frei übersetzt aus: Spiritual stories as told by Ramana Maharshi: "The Jnani and the Siddha", published by Sri Ramanasramam 1980, S. 6 f

11 Seine Entdeckung einer grundlegenden Prä/Trans- Verwechslung u.a. bei C.G. Jung und den Neo-Jungianern, welche später sein weiteres Werk tiefgreifend mitprägte, beschreibt er in Das *Atman Projekt*, Junfermannsche Verlagsbuchhandlung 1990, S. 10 f

12 Sri Aurobindo, Das göttliche Leben, zweites Buch, S. 314

Darshan mit OM C. Parkin

Dialoge zum Thema Angst

Es gibt kein Ich ohne Angst

Ich möchte gern meiner Angst näher kommen. Ich habe bisher unter Angst die Feigheit verstanden, mich einzubringen, mich zu stellen. Und in letzter Zeit wurde es mir auch aufgezeigt, dass es viel tiefer geht, dass auch eine Überlebensangst dahinter steckt.

Deine Beziehung zur Angst ist so geprägt wie die Beziehung der meisten Menschen zur Angst. Sie wissen nicht, was Angst ist, aber sie werden von ihr verfolgt. Wenn ein Mensch Angst nicht wahrnimmt, so heißt das entweder, er ist erleuchtet, was eher selten ist, oder er hat sie ausgeblendet, so wie du. Im Prinzip gibt es kein Ich ohne Angst, denn Angst ist die zwangsläufige und direkte Folge von Zweiheit. In dem Moment, wo aus Eins Zwei werden, wo nicht mehr alles Ich ist, sondern wo ein Du entsteht, ein Ich-fremdes, und selbst wenn dieses Du Gott ist, gibt es Angst. Denn dieses Du, welches ich nicht mehr als Ich-in-mir identifiziere, ist etwas Wesensfremdes, so identifiziert es das Ich, und was es als wesensfremd identifiziert, das ist ihm auch nicht ganz geheuer, es ist potenziell bedrohlich.

Man versucht zwar, dem näher zu kommen, man versucht, sich damit zu arrangieren, freundlich, tolerant und wohlgesonnen zu sein, aber in der Tiefe trägt das, was nicht wirklich als ‚Ich' realisiert ist, ein Potential von Bedrohung, weil es fremd ist. Und was dir alles fremd ist, ist all das, was du abgespalten hast. Also ist dir auch die Angst fremd und bedroht dich, denn auch sie hast du abgespalten. Ich aber sprach davon, dass wir denjenigen Weg gehen müssen, der uns in das Zentrum dessen führt, was fremd geworden ist. Das würde das Gegenteil dessen bedeuten, was du praktizierst, das Gegenteil von Ausblendung, das Gegenteil von Distanzierung, das Gegenteil von Abspaltung. Es ist eine vollständige Umkehrung deiner Aufmerksamkeit. Eine Wendung um 180 Grad.

ॐ

Angst ist die Entfernung zum Selbst

Ich habe heute gesehen, dass ich ein paranoider Angsthase bin, der denkt, er wäre der Auserwählte. Ich merke einfach: Es fällt mir total schwer, an die Angst heranzukommen. Und ich wollte Dich bitten, ob Du etwas über die Angst sagen kannst.

Wenn du die Wahrheit über alles lieben würdest, hättest du keine Angst. Wir müssen im umfassenderen Sinne verstehen, was Angst eigentlich ist. Und es ist nicht leicht, in wenigen Sätzen eine Antwort darauf zu finden, was Angst wirklich ist. Wir sollten zunächst anerkennen, dass ich möglicherweise gar nicht dasselbe meine wie du, wenn wir von Angst sprechen. Warum hat der Mensch Angst? Was ist Angst? Und was macht ihm Angst? Warum sind die Menschen getrieben von Angst? Und warum sind sie einerseits von ihr getrieben und wollen sie andererseits nicht fühlen? Gibt es dort möglicherweise gar einen kausalen Zusammenhang?

Wir haben nicht Angst vor dem, dem wir wirklich nahe sind. Wir haben nicht Angst vor dem, mit dem wir eins geworden sind. Wenn wir Angst haben vor dem Leben, bedeutet das nur, dass wir mit dem Leben nicht eins sind. Und wenn wir nicht eins sind mit dem Leben, dann heißt das, dass wir uns entweder überhöht haben über das Leben, arrogant und abgehoben, oder es heißt, wir haben uns erniedrigt unter das Leben, unter die menschliche Würde, unter das Eine, den Einen Lehrer, unter GOTT, unter uns SELBST. Doch diese Erniedrigung ist nur eine andere Form von Arroganz. Diese dualistischen Zustände wechseln einander ab, die Pendelbewegung lässt keine Vorausschau über die Dauer von der einen Seite zur anderen zu.

Angst zu haben ist immer eine Situation der inneren Ferne, eine Situation der Fremde. Es ist eine Situation der Entfremdung, der Entfernung, der Entnabelung, der Distanzierung von der Quelle deiner selbst. Angst bekommt derjenige, der sich in der Ferne aufhält. Weit weg von der Gegenwärtigkeit seiner selbst. Und die Ferne kann sich auf verschiedenste Arten und Weisen und in ganz verschiedenen Orten dem Menschen zeigen. Sie zeigt sich durch die Oberflächlichkeit, durch das oberflächliche Leben, das Menschen führen. Sie zeigt sich durch die Unterdrückung ihrer selbst. Sie zeigt sich durch Betäubung, durch Abwesenheit, durch Isolation. Es spielt nicht so sehr die Rolle, von was wir fern sind, denn der Geist hat eine Rechtfertigung für alles, eine Entschuldigung für jede Form der Entfernung. Es geht also nicht um den Grund der Entfernung, es geht um den Aspekt der Entfernung selbst, denn Entfernung bedeutet Dualität. Du wirst eingestehen müssen, dass das, wonach du dich eigentlich sehnst, nämlich nach Einssein, nach vollständigem Einssein mit Dem-Was-Ist, dass das keine Entfernung zulässt. Ist dir nicht aufgefallen, dass das, was du ‚Angst' nennst, ein Ausdruck deiner eigenen inneren Entfernung ist? Entfernung in Wahnvorstellungen, Phantasien, Illusionen, Bilderwelten, Denkwelten, Welten verschiedenster Art, die nicht *sind*, die nicht das sind, was *ist*. Wenn du es vorziehst, in Einbildung zu leben, dann lebst du in Angst. Wenn du es vorziehst, in Unterdrückung zu leben, dann lebst du in Angst. Wenn du es vorziehst, in Arroganz zu leben, dann lebst du in Angst. Je näher du trittst, je tiefer du fällst, je mehr du aufgibst und dich hingibst, desto geringer wird die Angst. Es ist also wesentlich, diesen Kern zu betonen, dass nämlich Angst ein Phänomen der Entfernung vom Selbst ist, und somit auch von wahrer Liebe. Um diese Distanz zu überwinden, um diese Trennung aufzuheben, gibt es nur die Möglichkeit, sich mittels der inneren Aufmerksamkeit anzunähern. Und diese Annäherung ist ein Prozess zunehmender Intensität. Es ist ein Prozess zunehmenden inneren Brennens, aber letztlich auch zunehmender innerer Stille, zunehmenden inneren Friedens und inneren Schweigens. Um dieses innere Schweigen in dir zu finden, und die Harmonie dieses Schweigens, gibt es keinen anderen Weg als die Annäherung durch die Angst, die Entdeckung der Angst, die Entlarvung der Angst, die Wahrheit über Angst. Denn Angst ist offensichtlich eines jener inneren Phänomene, welche die Macht besitzen, über die ganze Menschheit zu herrschen. Es ist also kein harmloser Gegner. Aber es ist ein Gegner, der einen großen Schlüssel zu innerem Frieden besitzt.

ॐ

Die Sehnsucht, zurückzukehren

Da ist die Frage, warum man sich selbst verlassen hat. Da habe ich ein ganz starkes Gefühl, dass ich das getan habe. Und es ist sogar fast noch schlimmer, ich habe das Gefühl, ich habe schon meine Seele verkauft.

Jeder Mensch kommt auf dem inneren Weg früher oder später an den Punkt, wo er sehen muss, dass er seine Seele verkauft hat. Dass wir Angst haben, dass wir in Angst leben, und dass wir dann dieser Angst noch nicht einmal wirklich begegnen wollen, das an sich ist bereits Ausdruck davon, dass wir uns selbst verlassen haben. Und dass wir uns selbst verlassen haben, das wiederum gibt uns den Auftrieb für die Sehnsucht zurückzukehren. Und die Angst? Die nehmen wir mit.

ॐ

Beende das Versteckspiel

Es ist so, dass ich innerlich sehr, sehr große Angst habe vor dieser Welt, und dass ich mich völlig entziehe. Das möchte ich gerne ändern.

Nun, es ist so, dass die Angst eine willkommene Formel ist, um dich aus der Intensität der Berührung mit der Welt zurückzuziehen. Der Angst folgt früher oder später zwangsläufig die Einsamkeit. Angst macht einsam, weil die Angst dich immer wieder versucht, dich zurückzuziehen aus der vollkommenen Nähe und Berührung. Letztlich ist es die Berührung mit dem Selbst. Es ist dieser Rückzug von dem, was dich scheinbar bedroht. Die Falle ist die folgende Botschaft: „Ich nehme dir diese Bedrohung und bringe dich an einen sicheren Ort." Aber was ist das eigentlich für ein sicherer Ort, an den die Angst dich gebracht hat? Nun, es ist ein Ort, an dem du sicher bist vor dem Leben. Und das ist ein sehr einsamer Ort. Er ist sicher vor dem Herzen, sicher vor dir selbst, sicher vor der vollkommenen Lebendigkeit deiner selbst. Zunächst musst du eine Ahnung davon bekommen, wie armselig die Innenwelt geworden ist für dich, der an der Angst anhaftet. Beklage dich nicht über Einsamkeit. Niemand sollte sich über Einsamkeit beklagen. Es ist nur eine Folge des eigenen Rückzugs vom Leben. Wenn *du* es bist, und wenn du erkennst, dass *du* es bist, der sich zurückgezogen hat, dann sind auch die Pforten wieder offen – die Pforten zur Rückkehr, zur Wiederkehr, zur Einkehr.
In dieser Einkehr geschieht die Berührung. Dort triffst du sie, die Angst, dein unliebsamer Begleiter, den du nicht abschütteln kannst. Dort triffst du all die Dämonen, vor denen du jahrelang, jahrzehntelang, jahrhundertelang weggelaufen bist. Angst muss nicht dein Gegner sein. Du hast sie zu deinem Gegner gemacht. Es ist wahrlich nicht die Angst, die dein Gegner ist, sondern du selbst bist zu deinem eigenen Gegner geworden in deiner feindseligen Haltung dir selbst gegenüber, in deiner feindseligen Haltung

der Welt gegenüber. Dieser Rückzug von der bedrohlichen Welt ist in Wirklichkeit eine feindselige Geisteshaltung. Ja, Rückzug ist eine versteckte Form von Feindseligkeit. Wir verkennen das, weil wir in dem Moment, wo wir uns zurückziehen, den Aggressor, das, was uns vermeintlich bedroht, nach außen verlagern. Wir wollen unserer eigenen festgehaltenen Feindseligkeit nicht ins Auge sehen.
Du hast Dinge, Objekte, Menschen und letztlich vielleicht sogar Gott zu einem Feind gemacht, und dafür bist du verantwortlich. Nicht Gott, nicht irgendjemand anders, nur und einzig du. Übernimm die Verantwortung für das, was deine Angelegenheit ist.
Der, der Angst hat und sie gleichzeitig nicht kennt, eben weil er ihr feindselig gegenüber steht, der verkennt die Welt, verkennt sich selbst. Ich sage nicht: werde sie los. Ich sage: gehe *mit* der Angst, nicht *gegen* sie. Wenn sich deine Haltung verändert, so bedeutet das keineswegs, dass sich die Angst augenblicklich in Nichts auflöst. Zunächst bleibt sie; vielleicht nimmt sie an Intensität sogar noch zu. Doch unversehens ist Angst nicht mehr das, was sie einmal war, nämlich dein Feindbild; plötzlich wird sie zu einem Verbündeten auf deinem spirituellen Weg, so wie alles zu einem Verbündeten auf deinem spirituellen Weg werden kann, wenn du bereit bist, es zu sehen und zu nehmen. Alles, was dir gezeigt wird, birgt in sich das Potential für Erkenntnis. Aber es ist deine Haltung, die bestimmten Phänomenen mit Ignoranz begegnet. Ignoranz bedeutet, sie zu ignorieren. Sie zu ignorieren, bedeutet, sie nicht erkennen zu können.
Du musst dein Leben in Sicherheit aufgeben, wenn du an Wahrheit wirklich interessiert bist. Die Idee ist, Sicherheit biete Zuflucht, Zuflucht vor den Feinden, vor der Welt,

Zuflucht vor denen, die dich verletzen könnten. Aber es gibt nur einen, der dich wirklich verletzen kann, und der sitzt in dir. Und weil er in dir selbst sitzt, ist es sehr schwierig, vor ihm Zuflucht zu nehmen. Die ganze Idee der Zuflucht an einen sicheren Ort im Geiste ist absurd, kurios und lächerlich für denjenigen, der bereit ist, sie genau zu erforschen. Körperliche Flucht als ein Überlebensinstinkt, die an sichere Orte vor körperlichen Feinden im Außen führt, kann nicht in die geistige Welt übertragen werden. Wir können im Geiste vor nichts wirklich Zuflucht nehmen. Jede Idee, die das weiter fortsetzt, führt zu weiterem Leiden, zur Verzögerung des Leidens. Wir müssen aufhören, uns vor uns selbst zu verstecken. Dieses Versteckspiel muss ein Ende haben; es ist das Versteckspiel mit dem Leben, das Versteckspiel mit dem Lehrer, das Versteckspiel mit dem SELBST.

ॐ

Unruhe in der Peripherie von Angst

Was die letzte Zeit oft bei mir passiert: Wenn es still in mir wird, oder stiller als normal, dass dann nach einer ziemlich kurzen Zeit eine Wahnsinns-Unruhe hochkommt und Nervosität. Ich komme in dem Moment an dem Punkt dann eigentlich nicht weiter und frage Dich, ob Du mir da weiter helfen kannst.

Was ist diese Unruhe? Sie ist eigentlich so etwas wie der Versuch, sich schneller zu bewegen, als das Leben sich bewegt. Es gibt eine große Unruhe in fast allen Menschen, eine grundlegende innere Beschleunigung durch Angst.

Das erstaunliche jedoch ist, dass das keineswegs bedeutet, dass die Wahrnehmung von Angst zunimmt. Die Beschleunigung nimmt zu, und man könnte soweit gehen, die zunehmende Beschleunigung unserer Welt damit in Zusammenhang zu bringen. Man könnte soweit gehen zu sagen, wir befinden uns in einer sich beschleunigenden Spirale von Angst, die nicht angehalten werden kann, bis es jemanden gibt, der anhält. Hast du dir vergegenwärtigt, wie Angst eigentlich arbeitet in dir? Und ist dir jemals aufgefallen, dass diese Beschleunigung gar nicht anhält, außer durch Schlaf und körperliche Betäubung? Sonst hält sie nicht an. Wenn es niemanden gibt, der diese Bewusstheit aufbringt, in dem Augenblick dieser Beschleunigung anzuhalten. Nichts hält von sich aus an. Im Gegenteil, es handelt sich um ein System, ein Perpetuum mobile, einen Automatismus, der die Tendenz hat, sich immer weiter zu beschleunigen, das heißt, immer schneller zu rotieren. Es hat nicht von sich aus die Tendenz, langsamer zu werden. Warum nicht? Das System von Angst ist ein sich selbst nährendes System. Das heißt, wenn du beginnst Angst zu bekommen, dann bekommst du immer mehr Angst und immer mehr Angst. Die Spirale dreht sich weiter, sie schraubt sich hoch. Angst ist kein reduktives und damit von selbst auslaufendes System, nein, es ist ein sich selbst nährendes, ein gefräßiges, ein expansives System. Und die einzige Möglichkeit, die du hast, ist diese Bewusstheit aufzubringen, anzuhalten. Aber um dazu fähig zu sein, musst du überhaupt erst einmal so tief vordringen, dass du Angst wahrnehmen kannst, und das können ja die meisten gar nicht. Das heißt, Unruhe ist die Peripherie der Angst; Nervosität ist die Peripherie von Angst.

Es gibt zwei Arten des Entrinnens aus diesem System: Eine unbewusste, unheilsame, und eine bewusste, heilsame. In der ersten Variante explodiert das System, oder es brennt aus. Ist ‚*burn out*' nicht seit der Jahrtausendwende auf dem besten Wege zur Volkskrankheit?
In der zweiten Variante gibt es jemand, der die Bewusstheit aufbringt, wahrzunehmen, was dieses System befeuert, was es beschleunigt, und dann in diese Wahrnehmung so tief eintaucht, dass es anhält. Das ist nicht möglich durch einen Willensakt. Der Willensakt ist in seiner Macht zu begrenzt, um dieses System wirklich zum Anhalten zu bringen. Ab einer gewissen Beschleunigung dieses Systems in der menschlichen Psyche entstehen starke schizoide Spaltungen, schlimmstenfalls Schizophrenie. Alles Störungen letztlich, die mit innerer Entfremdung, Entkoppelung, Dissoziation einhergehen. Weil das System so schnell ist wie eine sich beschleunigende Zentrifuge, driften die Geisteskräfte einfach weg von dir. Ja, alles driftet weg. Du musst lernen, bei aufkommender Unruhe die Aufmerksamkeit nicht auf die Peripherie der Unruhe zu richten, sondern auf das, was sie in dem Moment befeuert. Und das erfordert eine Vertiefung. Der gewöhnliche Fall ist, dass ein Mensch die Aufmerksamkeit lediglich auf die Unruhe richtet, die aber nicht anzuhalten ist. Sie ist mühsam durch einen Willensakt und durch Betäubungsversuche unter Kontrolle zu bringen, vorübergehend durch Essen oder Medikamente. Bei Kindern hat die Schulmedizin diesen inneren Vorgängen das Etikett ADHS (Aufmerksamkeitsdefizit-/Hyperaktivitätsstörung) aufgeklebt. Ein Kind ist noch nicht dazu in der Lage, das Instrument seiner Aufmerksamkeit auf präzise Weise einzusetzen, sein Heilmittel ist eine haltende Umgebung. Aber du kannst es. Es ist so einfach gesagt, und doch ist es so

schwierig, dem wirklich und ernsthaft auf den Grund zu gehen, und ich weiß, welche Hindernisse auf dem inneren Weg es zu umgehen gilt, um das überhaupt wahrnehmen zu können. Wenn du dich nämlich in einer Zentrifuge befindest, dann wird deine Aufmerksamkeit zwangsläufig in die Peripherie gedrängt. Wenn du es also mit einer Kraft zu tun hast, die sich auf diese Weise bewegt, dann gelangst du, so wie jeder Unbedarfte zunächst, mit dieser Kraft an die Peripherie und wirst abgedrängt. Deine Aufmerksamkeit scheint noch nicht in der Lage, in der Mitte zu verweilen, dort wo es still ist und wo das Sehen möglich ist. Die Unruhe ist ein Teil dieser zentrifugalen Kraft. Sie drängt die Aufmerksamkeit in die Peripherie. Die Unruhe selbst ist schon die Peripherie. Und diese Peripherie nimmt deine Aufmerksamkeit ein. Doch anstatt mit der Aufmerksamkeit den Weg zurück zum Kern der Zentrifuge zu gehen, was machen die Menschen? Sie rennen raus und treiben Sport, arbeiten, bewegen sich, um sich abzureagieren vor lauter Unruhe. All das bringt Erleichterung und keine Heilung. Interessiert dich Heilung in einem so umfassenden Sinne, wie es dieses Wort zum Ausdruck bringt? Heilung als Ganzwerdung? Dann gehe auf den Grund, auch dann noch, wenn die zentrifugale Kraft dich in die Peripherie drängen will. Davon lässt du dich nicht beeindrucken. Du gehst auf den Grund. Das ist eine innere Gegenstrombewegung in dem Augenblick. Wir müssen uns innerlich häufig gegen einen Strom bewegen, um dort zu sein, wo Sehen möglich ist. Du musst davon ausgehen, dass fast die gesamte Aufmerksamkeit eines normalen Menschen einem Strom der Veräußerlichung unterliegt. Das Konzept von Versuchung beschreibt diesen Strom, der uns wegzieht von uns selbst. Du bist nicht gezwungen, dich mitziehen zu lassen.

Angst und Wahnsinn

(OM zitiert aus einem Brief) In deinem Brief dreht sich eigentlich alles um Angst. Und du beschreibst, wie du während der Angst die Fähigkeit verlierst, im Beobachter zu bleiben. Weiter sprichst du hier vom Wahnsinn der Angst, also von der Verbindung zwischen Angst und Wahnsinn und den verschiedensten Missempfindungen, die das in deinem Gehirn hervorruft. Du endest mit der Frage: Verhindert mein Wunsch, angstfrei zu sein, die Transformation von Angst?

Das ist eine nicht unwesentliche Frage, die am Ende mit JA beantwortet werden muss. Es gibt eine Verbindung von Wahnsinn und Angst, die in der spezifischen Form von Selbsttäuschung liegt, welche Angst in den Menschen hervorruft. Das heißt, Angst ist eine Kraft, die in den Menschen starke Täuschungen hervorruft, so dass sie nicht mehr angesichts der Wurzeln ihres Daseins leben, sondern verblendet von Nicht-Realitäten im Nicht-Sein. Denn Wahnsinn ist ja genau das: Der Wahnsinn ist das Sein im Nicht-Sein. Und weil es so viel Sein im Nicht-Sein gibt in den Menschen, sind wir auch von so viel (ganz normalem) Wahnsinn umgeben. Und die Methode, die radikale Methode des inneren Weges, des innersten Weges, möchte ich fast sagen, ist die Methode der präzisen Unterscheidung zwischen Realität und Nicht-Realität, zwischen Sein und Nicht-Sein durch das Vordringen der inneren Aufmerksamkeit zum Kern der Dinge. Wir müssen lernen, dass alles davon abhängt, wo unsere Aufmerksamkeit hingelenkt wird. Wir bemerken nicht, dass unsere Aufmerksamkeit sekündlich fremdgesteuert wird, überflüssig zu sagen, dass wir auch nicht wissen, von wem sie gesteuert wird. Unerfüllte Wünsche, Fluchtinstinkte, Widerstände. Diese drei Begrifflichkeiten beschreiben die drei unbewussten Antriebsbewegungen des Geistes: Hin, Weg und Gegen. Drei Antriebsbewegungen, welche zielstrebig in die Nicht-Realität führen: Wir werden unbewusst gesteuert von unerfüllten Wünschen, wir werden gesteuert von Fluchtinstinkten, wir werden gesteuert von Widerständen. Wir werden gelenkt, so dass wir uns in jedem Augenblick in bestimmten geistigen Welten aufhalten, obwohl wir nicht genau wissen, was wir da eigentlich wollen. Im System Angst z.B. wollen wir ja auch nicht wirklich irgendwo *hin*, sondern einfach nur *weg*.

Wir befinden uns im Nicht-Sein, aber eigentlich suchen wir das Sein. Und jetzt musst du etwas tun, etwas, was du auf dem inneren Weg des Öfteren tun musst. Du musst etwas tun, wogegen sich alles in dir wehrt. Es widerstrebt dir, das zu tun, was ich dir jetzt sage, denn es ist gegen deine Persönlichkeit, es ist gegen den Überlebenstrieb. Du lernst, mit deiner Aufmerksamkeit, still und gewahrend, umzukehren. In den Kern von Angst. Dorthin, wo die Bedrohung am größten ist. Das heißt, alles in dir strebt eigentlich weg von diesem Innersten, das ist die Zentrifugalkraft. Alles strebt weg von der Mitte, alles will weg von dort. Alles in dir sträubt sich dagegen, sich dort aufzuhalten. Und jetzt musst du lernen, die Kraft deiner Aufmerksamkeit zu nutzen und umzukehren. Das ist, als würde ich dir empfehlen, genau dahin zu gehen, wo der Tod lauert. Wenn du wirklich interessiert bist an einem Erwachen aus jeder Form des angstbesetzten Wahnsinns, dann gibt es für dich keine andere Möglichkeit als diese Umkehr. Im Kern von Angst existiert kein Wahnsinn. Im Kern von Angst gibt es keine Angst. Das ist des Rätsels

Lösung, und jeder ernsthafte Sucher ist aufgefordert, dorthin vorzudringen.

Ich habe herausgefunden, dass es die Angst vorm Sterben ist. Und Meditation und Sterben, das ist für mich im Moment wie die zwei Seiten einer Münze. Es ist gut und es ist furchterregend für mich.

Was dir bisher fehlt, ist die natürliche Liebe zum Tod. Du hast für den Tod keinerlei Liebe übrig. Du hast nur Angst, aber hinter der Angst nur Verachtung für ihn übrig. Was du nicht siehst, ist, dass in dieser Angst vor dem Tod Überhöhung und Arroganz verborgen liegen. Das zwingt dich geradezu dazu, Angst haben zu müssen, das treibt dich in den Wahnsinn. Liebe für den Tod übrig zu haben, das ist eine heilsame Demütigung für die Arroganz des Ichs. Und es ist ein großer Schritt von Befreiung. Befreiung aus dem ganz normalen Wahnsinn des Geistes.

ॐ

Begegnung mit Todesangst

Bei mir ist die Diagnose ‚chronische Leukämie' gestellt worden. Das hat viele Prozesse in Gang gebracht. Und dann hat es eine ganze Weile gedauert, bis ich das Gefühl zugelassen habe: Todesangst. Überhaupt, dass ich so etwas habe.

Jedes Ich, jedes persönliche Ich, jede Idee eines Ichs, ist in Wirklichkeit auf Todesangst aufgebaut. Ich begegne so vielen Suchenden, die noch niemals eine Begegnung mit Todesangst gemacht haben, die tatsächlich immer noch fest daran glauben, dass sie Todesangst nicht wirklich kennen. Es gibt vielerlei Ausdrucksformen dieser Todesangst, sie kann in den drei Körpern des Menschen in Erscheinung treten und dort sehr unterschiedliche Spuren hinterlassen. In jedem Fall ist die Angst in ihrem Kern immer die Angst vor der Vernichtung, die Angst davor, nicht mehr zu sein. Ironischerweise hat das Ich in gewisser Weise Recht. Denn das Ich weiß, dass es nicht das ist, was es vorgibt zu sein. Das Ich ist sich selbst nicht sicher, ob es überhaupt ist. Deshalb muss es Angst vor dem Nichtsein haben, und erst diese bewusste Begegnung mit der Todesangst erlaubt dem Ich, durch die leere Maske hindurch zu schauen und etwas Substanzielles zu finden. Das ist die Seele. Die Seele liegt verborgen hinter einer Schicht von Todesangst. Wer die Seele berühren möchte, der taucht durch diese Schicht.

ॐ

Angst und Misstrauen

Vielleicht beginnen wir einfach einmal mit dem, wo du stehst. Du stehst in Angst und Misstrauen.

Ja.

Angstfixiertes Misstrauen ist ein Zustand, der nicht wirklich interessiert ist an Wahrheit. Das ist schwer für den Misstrauischen so zu nehmen, aber es ist eine ganz nüchterne Feststellung über das Misstrauen und seinen innewohnenden Mangel an Unterscheidungskraft. Misstrauen gibt vor, eine Art skeptischer, aber durchaus realitätsnaher Erforschung zu betreiben. In Wirklichkeit ist angstfixiertes

Misstrauen nichts anderes, als ein Versuch, eine Distanz dort zu wahren, wo Nähe gefährlich werden könnte. Mehr ist es nicht. Wenn ein Mensch Nähe als zu gefährlich, als tödlich für das Ich erlebt, dann will er die Wahrheit, dann will er die Liebe, dann will er sich selbst auf Distanz halten. Er sucht nach einer Möglichkeit, einen Sicherheitsabstand zu wahren. Und dafür eignet sich Misstrauen wirklich hervorragend. Ich misstraue einfach allem und jedem, ganz diffus und undifferenziert, und schon bin ich nicht mehr aufgerufen, mich wirklich einzulassen auf Das-was-ist. Misstrauen wird zu meinem Schutzschild, zu einem Machtinstrument meiner eigenen Distanziertheit. Und wird auf diese Weise missbraucht, aber immer wieder gerechtfertigt, weil ja angeblich „das Leben" so böse ist und nicht vertrauenswürdig. Wenn es nicht „das Leben" ist, dann sind es „die Menschen", die im Kern schlecht sind. Dann erzählt der Geist die immergleiche Geschichte aus seiner Vergangenheit, in der „ich das genau so erfahren habe". Nicht endende Geschichten der Selbstrechtfertigung für das Misstrauen. Anstatt dem ins Auge zu sehen, was dem Argwohn zugrunde liegt. Nämlich, dass er sich zum SELBST auf Distanz halten will und dass ihm das Misstrauen dafür gerade recht kommt. Diese angeblich skeptisch-rationale Erforschung und Hinterfragung, die der Misstrauische vorgibt zu betreiben, ist in Wirklichkeit undifferenziert, weil ihr ein Generalverdacht vorangeht. Das Misstrauen kann so nicht wirklich unterscheiden, wer oder was vertrauenswürdig ist und wer oder was nicht. Das ist der Punkt. Diese Unterscheidung geht dem Misstrauischen verloren, und er merkt es nicht. Eigentlich ist angstfixiertes Misstrauen ein diffuses Vorurteil gegen die Welt, ein diffuses Vorurteil gegen alles und jeden, der erst mal sein Gutsein beweisen muss. „Im Zweifel gegen den Angeklagten." Von einer inneren, demokratischen Judikative, d.h. Urteilsfindung und Rechtssprechung, kann keine Rede sein. So dass der Misstrauische lernen muss, zu unterscheiden zwischen Vor-verurteiltem, welches dazu neigt, sich selbst zu bestätigen, und wahrer Erforschung und Unterscheidung zwischen richtig und falsch, zwischen gut und böse, ... , ich bevorzuge die Begriffe echt und unecht, oder auch real und nichtreal. Aber genau diese Unterscheidung geht dem Misstrauischen eben verloren. Und das will er nicht eingestehen. Er tut nach wie vor so, als sei sein Misstrauen eine Möglichkeit, der Welt mit angemessener Vorsicht zu begegnen. Sein Auf-der-Hut-sein verwechselt er mit Wachsamkeit. Doch Wachsamkeit, welche dem potentiell Falschen, Unwahren durchaus mit gesundem Misstrauen begegnet, ist ein Zustand des *no-mind*, kein vorurteilsbestätigendes System, keine sich selbst erfüllende Prophezeiung.

Wenn du also mit dieser Haltung lebst, diesem angstfixierten Misstrauen, dann musst du dich über deine Angst überhaupt nicht wundern. Denn diese Haltung macht dir ja Angst. Das System Angst ist ein geschlossenes System, an diesem Beispiel bedeutet das: Angst erzeugt Misstrauen und Misstrauen erzeugt Angst. Ein Teufelskreis für den Unwissenden.

Du lebst in einer kontinuierlichen Vorstellung von etwas, was dich bedrohen könnte, was schlecht ist, was falsch ist, was böse ist. Und dieses Etwas ist außerhalb deiner selbst, nicht innerhalb deiner selbst. Hast du schon einmal in Erwägung gezogen, dass es innerhalb deiner selbst sein könnte? Vertraust du deinem Misstrauen blind? Für deine Haltung musst du selbst Verantwortung übernehmen.

Denn es ist nicht die Welt, die so ist, *du* bist es, die so ist. Und die Welt ist *deine* Welt, nicht *die* Welt. Und diese Welt ist eine Welt, in der Angst herrscht. Wenn ich in so einer Welt leben würde, würde ich auch Angst bekommen. Insofern wundert es mich nicht, und es sollte dich auch nicht wundern.

Diese Welt kommt zu Ende, indem du aufhörst, Erforschung mit Vorurteilen zu betreiben. Indem du aufhörst, der Welt und Dem-was-ist, mit Vorurteilen zu begegnen. Angstfixiertes Misstrauen ist eine vor-urteilende Haltung, die aus toter Vergangenheit gespeist wird, nicht aus dem lebendigen Augenblick. Du weißt nicht wirklich, ob das, was dir *jetzt* begegnet, vertrauenswürdig ist oder nicht. Natürlich ist nicht alles, was dir begegnet, vertrauenswürdig. Aber wie willst du jemals diese Unterscheidung finden, wenn du nicht allem und jedem mit einer vollständig offenen Haltung begegnest? Genauso verhält es sich mit deiner Beziehung zu einem spirituellen Meister. Insbesondere in Deutschland, aber im gesamten Abendland ist diese Haltung des Misstrauens weit verbreitet, es ist die Regel, nicht die Ausnahme. Einem gewöhnlichen, unwissenden Menschen kann man aus dieser Haltung keinen Vorwurf machen. Aber du als eine Schülerin solltest dich zuallererst fragen, ob du als Schülerin eigentlich vertrauenswürdig bist. Erst wenn du das wirklich bejahen kannst, hat sich die Verschleierung des undifferenzierten, projizierten Misstrauens gelöst und dir steht ansatzweise die Unterscheidungskraft zur Verfügung, die du benötigst, um einen spirituellen Lehrer zu überprüfen.

Und wenn dir das Angst macht, dann wiederhole ich, was ich vorhin schon sagte: Diese Nähe und Intimität, diese Distanzlosigkeit zu deinem eigenen Herzen ist ungewohnt, aber das Gegenteil von fremd. Vielmehr ist die Geisteshaltung, welche du gewohnheitsmäßig angenommen hast, fremd. Sie ist dir übertragen worden und du hast sie unhinterfragt angenommen. Das gibt das Misstrauen doch vor, dich zu lehren, dass du nichts unhinterfragt annimmst. Nur leider hat es sich selbst ausgespart. Ist das nicht auch verdächtig?

Um zu wissen, wer wir wirklich sind, müssen wir das Gewohnte aufgeben, unsere gesamte, angenommene Identität ist das Gewohnte. Nationalität, Geschlecht, Alter, Name, Selbstbilder, Rollen ... Nur so ist es möglich, in einen vollständig offenen Raum einzutreten. Ein vollständig offener Raum ist ein leerer Raum, und ein leerer Raum ist kein begrenzter Raum mehr. In jedem Fall ist er frei von Leiden. Alles-was-ist hat Platz. Aber das Echte, was in einem leeren Raum Platz hat, verändert nicht den leeren Raum. Der Raum ist immer leer, egal was in ihm ist. Die Leerheit bleibt unberührt. Und ein leerer Geist ist davon in Kenntnis gesetzt.

ॐ

Angst ist eine Folge innerer Distanzierung

Wie kann ich mir selbst näher kommen?

Es ist die Sehnsucht des Menschen, die ihn in diesen Fall begleitet, die ihn heranführt an diesen inneren Fall, und es ist die Angst und die Sprache der Angst, die ihn wieder aufsteigen lässt.

Ich weiß, dass deine Sehnsucht groß ist. Doch zunächst ist die Angst größer. Wenn du lernst, wenn du anwesend

bleibst, wenn du direkt bist, wenn du den Weg gehst, dann verändert sich die Balance zwischen der Sehnsucht zu fallen und der Angst vor dem Fall, die den Geist der Menschen beherrscht. Sie verändert sich zugunsten der Sehnsucht nach dem Fall in dich selbst, während die Angst nachlässt. Es geschieht ganz natürlich, dass sich dieses Gleichgewicht zugunsten der Sehnsucht verändert, vorausgesetzt, du beherrscht gewisse Regeln des inneren Weges, Regeln der bewussten Schülerschaft des inneren Weges, der Schülerschaft des Selbst. Angst ist immer und ausschließlich die Folge deiner Distanzierung, es ist die Folge deiner Abwesenheit, deiner Entfernung von Wahrheit und Liebe, deiner Entfernung vom Einen Lehrer, vom Selbst, von dir selbst. Diese Entfernung hat zu Angst geführt. Du kannst niemanden verantwortlich machen dafür. Du kannst nicht Gott verantwortlich machen, nicht die Welt, keinen Menschen auf der Erde. Diese Angst muss im Feuer des Bewusstseins wieder brennen. Verbrennen. Sie ist gelöscht worden, sie ist eingeschläfert worden, sie wurde verschüttet. Auch die Angst ist, wie große Teile deiner selbst, zu großen Teilen in den Ort abgetaucht, den wir Unterbewusstsein nennen.
Je näher du dir selbst wieder kommst, desto größer wird zunächst die Angst. Aber du darfst nicht anhalten. Das scheint der Lehre zu widersprechen, dass Angst eine Folge innerer Entfernung ist. Die Wahrheit ist, dass die Angst nicht größer wird, sie wird einfach nur bewusst, das ist alles. Ein gewöhnlicher Mensch sitzt ja eigentlich auf einem Vulkan. Einem schlafenden Vulkan. Deshalb ahnt er nichts. Er glaubt, alles ist gut, alles ist friedlich, alles ist still. Das ist jedoch nur solange der Fall, wie die drei Säulen der ichhaften Welt stabil bleiben und funktionieren:

1. Die Möglichkeit zur Flucht, 2. Die Möglichkeit zur Abwehr und 3. Die Möglichkeit zur Erfüllung unerfüllter Wunschwelten. Wir leben zunächst in einer Art von kompensierter Scheinidylle, indem wir all dem aus dem Wege gehen, das uns tiefer in den vermeintlichen Abgrund führen könnte. Unterbewusstsein ist ja, wie gesagt, der innere Ort, dem wir aus dem Wege gegangen sind. Da müssen wir jetzt also wieder durch. Die Angst wird dabei nicht größer. Sie wird einfach nur bewusst, alles wird bewusst. Wenn wir das Leben bisher durch einen Brille mit dicken Gläsern gesehen haben, Gläser, die so dick waren, dass wir eigentlich wenig sehen konnten, das real war, dann stellt es sich auf dem inneren Weg plötzlich so dar, als würden wir alles wie durch ein Brennglas sehen – genau das Gegenteil. Alles rückt nah, erscheint groß, überdimensional und intensiv. Und wenn wir dann noch näher kommen, wenn wir nicht zurückschrecken, dann geschieht das große Mysterium des inneren Weges, und dieses große Mysterium des inneren Weges ist die endgültige Veränderung. Die endgültige Veränderung bedeutet in Bezug auf Angst, dass es einen Moment gibt, in dem Angst nie wieder erscheint, weil sie sich aufgelöst hat als das, was sie war: ein Nichts.

ॐ

Das Feuer der Angst

Ich merke, dass ich ständig etwas zurückhalte, nicht ausspreche, nicht zu Ende tue oder auch spreche, und dass das einfach weitreichende Auswirkungen hat und dass das aber ganz häufig ist, dass das nicht nur in der Sangha ist, sondern dass ich im Grunde so lebe.

Da ist Angst. Lass die Angst aufsteigen. Gehe mitten in die Angst hinein, ohne etwas zu tun, und lass dich von ihr in Vibration versetzen. Und vielleicht kannst du mir sagen, was spült die Angst hoch, ist da etwas, was mit der Angst hochkommt?

Eigentlich fühle ich, dass Leben hochkommt, oder dass eine Wärme kommt.

Lass es hochkommen. Lass die Kraft mit der Angst aufsteigen und hör auf, dich dagegen zu wehren. Lass den ganzen Körper damit durchflutet sein, während du mich hören kannst und ich dich fragen möchte, ob du bereit bist, in genau dieser Intensität, die jetzt auftaucht, *damit* zu leben, anstatt sie zu unterdrücken?
Die Angst ist kein Hindernis. Die Angst muss brennen.

ॐ

Opfer der Angst oder Täter der Angst?

Also, ich spüre, wenn ich die Angst nicht fühlen will, dass ich dann erstarre, kalt werde. Also, es ist wie so ein eingefrorener Zustand, und dass die Lösung eigentlich darin liegt, diese Angst zu fühlen.

Angst kann zweierlei mit den Menschen tun: Entweder sie tötet sie oder sie macht sie hochgradig lebendig. Das hängt nicht von der Angst ab, das hängt von dir ab. Diejenigen, die erstarrt vor Angst wie ein Zombie durchs Leben laufen, das sind diejenigen, die einfach noch nichts von der Angst gelernt haben, weil sie nicht in Respekt sind mit der Angst.

Die nicht begriffen haben, das Feuer der Angst auf diesem Weg für sich zu nutzen, die überhaupt nicht begriffen haben, dass dies ein Feuer ist, das dem Bewusstsein dienen muss, das dem Erwachen dienen muss. Nicht die Angst erstarrt sie, sondern sie versuchen, Angst zu erstarren. Nicht Angst tötet sie, sie versuchen Angst zu töten. Das ist die Perspektive des Täters, so wie sie die Befreiungslehre einnimmt. Es ist nicht die Perspektive eines Psychotherapeuten, der seinem Klienten die Geschichte seiner schlimmen Kindheit abkauft. Natürlich gibt es die Perspektive des Traumas der Vergangenheit; aller Wahrscheinlichkeit nach sind diese Traumata auch noch vorrationaler Natur und somit rein rational nicht zu erfassen. Doch der Geist ist ein Trickser, der es wohl versteht, sich in das Kleid des Opfers zu hüllen. Für diesen Kniff nutzt er die Geschichte „meiner Vergangenheit". Das Konzept der Vergangenheit an sich führt in die manipulierte Sicht des Opfers, denn das Ich betrachtet sich als das Opfer seiner Geschichte. Doch weder Angst, noch Trauma können endgültig in einer imaginären „Vergangenheit" geheilt werden. Wenn wir die Angst aus der einzig realen Sicht des *Jetzt* betrachten, dann gibt es kein Opfer. *Jetzt* gibt es einen Jemand, der mit Angst etwas tut. Dies ist die einzig mögliche Perspektive eines reifen Schülers des inneren Weges und hier – nur hier – findet die Befreiung aus dem eisernen Griff der Angst statt.

ॐ

Ehrfurcht ist der Zugang zum Größeren

Das Wort Ehrfurcht hat in mir einen Sturm ausgelöst, jetzt in den letzten Minuten. Wie so eine alte Erinnerung, die darunter liegt, dass ich das auch kenne: Ehrfurcht. Und gleichzeitig ist in mir ein Zorn aufgestiegen über die Respektlosigkeit, der ich zuerst begegnet bin und die ich dann weitergelebt habe, und darüber ist auch Scham und eine Art Schuldgefühl da. Aber gleichzeitig ist eine große Freude in mir, dass dieses Wort Ehrfurcht ganz viel in Bewegung setzt, und neuen Raum kriegt – oder überhaupt Raum bekommt.

In jedem Kind, in dem die Pforten zur Seele noch offen sind, ist Ehrfurcht ein auftretendes Gefühl. Ehrfurcht ist der Sendbote von etwas Höherem, als das Ich-Denken zunächst erfassen kann. In einem Umfeld, das diesen natürlichen religiösen Zugang nicht unterstützt, das ihn vielmehr untergräbt, wird der Kanal verschüttet, indem das Kind beginnt, dieses Umfeld nachzuahmen.
Ehrfurcht ist ein wichtiger Kanal, der wieder offen sein muss, um den Zugang zu finden zu einer Kraft jenseits des begrenzten Horizontes des denkenden Ichs. Die Angst des Rationalisten hat sich getrennt von ihrer eigenen Wurzel. Er hat Angst vor allem möglichen, und das auserkorene Zielobjekt der Angst spielt letztlich keine Rolle, es ist beliebig: Angst, nicht zu überleben; Angst, verlassen zu werden; Angst, die Karriereleiter nicht aufsteigen zu können; Angst, zu wenig Geld zu haben. Angst vor der Vergangenheit, Angst vor der Zukunft. Angst vor dem Leben, oder Angst vor dem Tod. Alle möglichen Ängste, die nur auf eines hindeuten, dass wir die Quelle verlassen haben. Ein Mensch, der eins ist mit DEM, kennt keine Angst. Ehrfurcht ist der Kanal, der die Angst wieder mit dem SEIN verbinden kann. Im SEIN löst sich die Angst auf.
Ehrfurcht öffnet wieder den Zugang zu etwas Größerem. Wir müssen die Ursache von Angst erkennen. Angst ist

immer auch mit Formen von Respektlosigkeit verknüpft. Ja, ich hätte auch Angst, wenn ich mich ständig über Gott stellen würde, wenn ich annehmen würde, ich als ein Ich sei die höchste Autorität auf Erden. Dann hätte ich auch Angst. Ich kann nur sagen, Arroganz erzeugt große Angst – ein Zusammenhang, der erst einmal gesehen werden muss. Wenn wir Ehrfurcht wieder wahrnehmen können, dann empfinden wir uns wieder als Kinder Gottes. Und das ist ja ein tief christliches Bild, sich wieder als ein Kind Gottes zu verstehen. „Wir müssen wieder werden wie die Kinder", heißt es im Evangelium, und das ist damit gemeint. Es ist eine Rückführung in diesen reinen Zustand von Unschuld, aus dem dann der eigentliche Weg aufsteigen kann in höchste Erkenntnis. Wer diese kindliche Unschuld verloren hat, wer den Zugang zur Ehrfurcht verloren hat, hat einfach einen inneren Weg verlassen, den er wiederfinden muss, einen Kanal zugeschüttet, der wieder geöffnet werden muss, wenn er Interesse daran hat, mit irgendetwas Realem in Kontakt zu kommen, außerhalb seiner eigenen Welt persönlicher Einbildung.

ॐ

Erschrecken als Trauma

Ich erlebe zum Teil große Schübe von Intensität, und ich habe manchmal Angst, dass ich das nicht ertrage, ich erschrecke mich manchmal so sehr davor.

Es gibt – und ich beobachte das in kleinen Kindern – eine ganz natürliche Reaktion des Erschreckens vor einer *großen Kraft*, und so ist es eben das, was dem Kind gelehrt werden muss: diese scheinbar von außen auf mich zukommende *große Kraft* zu nehmen. Sie in Empfang zu nehmen, anstatt sich von ihr zu distanzieren, was zu dem sich verfestigenden Eindruck von Bedrohung führt. Diese *große Kraft* ist die *shakti*, und sie kann in ihrem dunklen Aspekt als die Kraft des Todes erscheinen, oder in ihrem lichten Aspekt als die Kraft des Lebens.

Dieses Erschrecken ist ein augenblickliches Zusammenziehen und kann sich im nächsten Augenblick wieder öffnen. So wie eine Katze, die in totaler Anspannung bis in die Haarspitzen ihre Haare aufstellt und im nächsten Augenblick entspannt vor dem Ofen liegt. Das Erschrecken selbst ist somit kein traumatischer Augenblick. Das eigentliche Trauma erschafft der Geist erst im nächsten Moment, in dem er dieses Erschrecken nicht wieder loslässt, weil er es der Katze nicht gleichtut. Ein Mal erschrocken, immer erschrocken. „Ein Mal habe ich mich als Kind so erschrocken – und jetzt bin ich mein ganzes Leben erschrocken." Der Geist ist im wahrsten Sinne dieses Wortes nachtragend, er lebt im Vergangenen. Im Toten. Das ist gewöhnlich der Unterschied zwischen einem Tier und einem Menschen. Das Erschrecken, die vollkommene Kontraktion des Augenblicks eben, sie ist im nächsten Augenblick nicht mehr. Aber was machst du? Du fixierst das Erschrecken. Du hast das Erschrecken in den Dienst deines Ichs gestellt und nicht mehr in den Dienst der Kraft. Du hast das Erschrecken, die natürliche Reaktion des Biologischen in den Dienst des Ichs gestellt mit seinen Wünschen, mit seiner Idee von Schutz und Sicherheit, die der Begegnung mit Wahrheit nicht standhalten. Wie wäre es, von der Katze zu lernen und im nächsten Moment wieder entspannt in dir selbst zu ruhen?

Ausblendung von Angst

Heute Morgen in der Meditation ist mir eine Todesangst gekommen, eine Angst vor dem Tod, was ich bisher immer ganz weit von mir gewiesen habe, also das gibt es nicht. Das möchte ich einfach nicht wahrhaben.

Im Grunde ist das ein naiver Glaube, den die meisten Menschen in sich tragen. Sie glauben daran, durch Ausblendung die Existenz irgendeines Phänomens einfach auslöschen zu können. Wie ein Kind, das sich die Augen zuhält und dann sicher ist, von niemandem gesehen zu werden. Wie ist es sonst erklärbar, dass Ausblendung ein so weit verbreitetes Phänomen ist? Kommt niemand auf die Idee, dass das Gegenteil der Fall sein könnte? Dass jede Form von Ausblendung eigentlich das Gegenteil ihrer Anfangsabsicht erzeugt? Dass dich das Ausgeblendete, das zeitweise aus deiner Existenz verschwunden schien, irgendwann wieder einholt, und dass das Ausgeblendete dann mit doppelter Kraft zurückschlägt? Das Prinzip der Ausblendung folgt einem naiven Kinderglauben. Es ist nur an der kurzfristigen Erleichterung interessiert, die im Dienste der Bequemlichkeit steht. Ich empfehle nicht, irgendetwas auszublenden. Wenn wir nicht mehr den Weg der Ausblendung gehen, sondern wenn wir einen offenen Geisteszustand erlangen, in dem alles erlaubt ist, was da ist, dann stellt sich von selbst eine innere Harmonie ein, weil sich die Kräfte von selbst ausgleichen. Das gilt auch für die Angst. Ausblendung, so wie du sie bisher vollzogen hast, führt nicht zu weniger Angst, sondern zu mehr Angst. „Was ich nicht wahrnehme, existiert auch nicht." Dieser Ansatz ist sicher keine gute Voraussetzung für Selbsterforschung. Noch nie etwas von Unter-Bewusstsein gehört? Wir haben alle schon davon gehört, dass es in uns selbst Welten geben soll, die sich unterhalb der Wahrnehmungsgrenze abspielen, und das könnten die 85% des Eisbergs unter Wasser sein. Also kann man doch nicht weiterhin so tun, als sei Ausblendung, sprich Leben, auf den 15% des Eisberges über Wasser ein Weg, um irgendetwas loszuwerden, ein Weg, eine Möglichkeit, um irgendeiner drohenden Auseinandersetzung aus dem Wege zu gehen. Der einzige nachhaltige Heilungsweg besteht grundlegend darin, in einer vollkommen stillen Geisteshaltung in das Zentrum eines jeden Phänomens einzutauchen. Dass das Bereitschaft zu größtmöglicher Nähe und Intensität erfordert, das liegt auf der Hand. Wenn wir irgendetwas wissen wollen über das Wesen des Seins, über das Wesen der Dinge, über das, was die Welt im Innersten zusammen hält, dann gibt es nur diesen Weg, in das Innerste einzutauchen, und das ist eben nicht nur eine symbolische Ausdrucksweise eines inneren Lehrers, es ist vielmehr auch sehr praktisch gemeint. Es betrifft fundamental deine Haltung und deine Beziehung zu der Welt der Phänomene, und im Wesentlichen jetzt die innere Welt der Phänomene. Also beispielsweise das Phänomen von Angst.

ॐ

Angst eingestehen

Ich mache immer mehr das, was für mich die geeignetste Flucht ist, ich gehe total in die Gedanken und zwar mit so einem ungeheuren Speed, dass ich eben meine Berührbarkeit versuche nicht zu zeigen, ja wegzumachen. Und ich merke, dass das ein totales Zerspaltensein ist, also wenn ich so hin- und herspringe. Und ich habe das jetzt seit ein paar Jahren immer mal wieder gehabt, dass ich so unheimlich schnell denke und unheimlich viel zu kommunizieren habe.

Deine ganze Welt ist getrieben von Angst. Du bist auf der Flucht vor Angst. Du musst erst mal lernen, dass man aufhören kann, vor Angst wegzulaufen. Hast du Angst?

Ja.

Kannst du das Menschen, die dir nahe stehen, auch mitteilen?

Ja. Privat ja.

Kannst du anhalten und sagen: Ich habe Angst?

Das kann ich schon sagen.

Und was passiert dann?

Also ich glaube ... Erleichterung, dass ich das ausgesprochen habe.

Du solltest diesen Riss, der durch so einen Moment entstehen kann, noch in weit größerem Umfang nutzen. Du nutzt ihn noch nicht aus, weil dir das eigentliche Potential der Heilung noch nicht gegenwärtig ist. Das ist ein Moment, der die Kraft und das Potential in sich trägt, den Traum anhalten zu können, zu sinken, mit der Intensität dieser Angst zu sein und ihr Feuer zu erfahren. Das ist ein Moment der Erlaubnis, ein Moment, in dem sie den Raum betreten darf, den inneren wie den äußeren. Es ist ein wertvoller Augenblick, den du bisher unterschätzt hast. Die allermeisten Menschen bringen diesen Satz nicht über die Lippen: Ich habe Angst. Besonders Männer tun sich hier nicht mit großer Intelligenz hervor, das war in meiner Geschichte nicht anders. Sie erkennen nicht den Heilwert dieser Aussage, wenn sie bei vollem Bewusstsein getätigt und in Mitgefühl nach innen genommen wird.

ॐ

Seinsangst

Nach diesem Erlebnis mit dieser Angst kam mir, dass so viel Angst in mir ist, und ich der nicht begegnen kann. Diese Art von Angst, die ich da erlebt habe, das war wirklich, das war nicht einfach nur Angst vor etwas, sie kam ohne Grund, aus einer ganz tiefen Stille.

Es ist existentielle Angst. Aber jede Angst, jede Form von oberflächlicher Angst geht auf genau diese Angst zurück. Der Grund von Angst ist Seinsangst, nicht Angst vor irgendwas. Wir können Seinsangst nicht mehr rational fassen, sie nicht mehr rational unter Kontrolle bringen und ihr nicht mehr rational begegnen. Es bleibt dir eine der Grundregeln des inneren Weges: wenn du irgendetwas wissen willst über die Wirklichkeit eines Dinges, über die Wirklichkeit an sich, dann werde eins damit, anstatt darüber zu reden, darüber nachzudenken, es zu analysieren, es zu umkreisen, Essays darüber zu schreiben, oder Bücher darüber zu verfassen.

All das kann die Tatsache der Notwendigkeit nicht ersetzen, dass du mit dem, vor dem du zurückschreckst, eins werden musst. Es gibt keinen anderen Weg. Du musst dich nur fragen, was du brauchst, um das zuzulassen. Und das bekannteste Heilmittel, das direkteste Heilmittel, das der Angst zugeordnet ist, ist das Urvertrauen. Wenn das Urvertrauen nicht zugänglich ist, dann musst du schauen, wo es ist. Denn ohne dieses Heilmittel wird es dir nicht möglich sein, das zuzulassen, was ich dir sage. Das Urvertrauen ist im Geiste der meisten Menschen irgendwie beschädigt. Doch ist diese Beschädigung, diese Verletzung nicht wirklich in der Vergangenheit geschehen, sie geschieht in diesem Augenblick. Deshalb sind sie verantwortlich dafür, diese Beschädigung in diesem Augenblick zu fühlen und dafür zu sorgen, dass sie sich dem wieder zuwenden, anstatt das vergangene Leben verantwortlich zu machen, oder Gott. Wer sehr nah ist mit dem Einen Lehrer, dem Herzen, in diesem Moment, der hat Urvertrauen.

ॐ

Angst als Feind

Ein großer Teil meines Lebens sind Kompromisse und Angst. Ich weiß von den Kompromissen, aber lebe sie weiter – das ist irgendwie nicht so einfach.

Einer der ganz großen Antriebe für ein Leben in Kompromissen ist der Antrieb von Angst. Nicht gefühlte Angst, kompensierte Angst, abgewehrte Angst, Angst, die nicht wirklich genommen wird. Angst, die als Feind behandelt wird und nicht als eine Kraft, die mir zu Diensten sein könnte. Ich weise immer wieder darauf hin, und das ist die Bedeutung eines integralen Weges, dass jede Kraft in diesem Universum dem, der es versteht, nutzbar sein kann. Wir können lernen, uns die Kraft des Feindes zu Nutze zu machen. Solange wir in der reflexhaften unbewussten Haltung von Abwehr, Verweigerung, Abblocken, Narkotisieren und Ähnlichem verweilen, haben wir nicht verstanden, wie diese bedrohlichen Kräfte uns dienen könnten. Angst ist einer der ganz großen Feinde der Menschen. Es ist dem unbedarften Menschen nicht zugänglich, dass es seine feindselige Geisteshaltung ist, die Angst erst zu einem Feind werden lässt, die Angst ihren lebensfeindlichen Auftritt ermöglicht. Sie saugt dann den Menschen, bildlich gesprochen, das Blut aus den Adern. Sie zieht alles zusammen, alles verengt sich, erkaltet, erstarrt, bis kein Leben mehr fließt. Doch der, dem das geschieht, ist gar nicht auf die Idee gekommen, dass das, was da in ihm geschieht, eine Folge seiner eigenen respektlosen, überhöhten und feindseligen Haltung der Angst gegenüber sein könnte, hat nicht im Geringsten in Betracht gezogen, dass der Feind deswegen Feind ist, weil er ihn zum Feind gemacht hat. Glauben wir ernsthaft, dass wir von Feinden umgeben sind? Oder sind wir manchmal von Feinden umgeben, die wir zu solchen gemacht haben, weil wir es nicht verstehen, uns ihnen zu nähern, sie zu integrieren, so dass sich unsere kleine Welt weiten kann? Unsere Welt ist zu klein. Und weil unsere Welt so klein ist, bleibt so vieles außen vor. Und das, was ausgesperrt wird, das wird dann zum Feind, der ganz normale Wahnsinn. Und nachts, wenn wir uns eigentlich entspannen wollen, gibt die Angst einfach keine Ruhe. Eigentlich wollen wir sie nur loswerden, aber sie gibt einfach keine Ruhe.

All diese Ausführungen sollten dich dazu verleiten, eine grundsätzliche Infragestellung deiner Haltung und deiner Beziehung zur Angst in die Wege zu leiten. Dich zu fragen: Wie viele faule Kompromisse gehe ich ein, getrieben von Angst und einer ihrer großen Rationalisierungen, der Idee von Sicherheit? Alles auf Kosten der Freude, die ein Ausdruck fließender Lebenskraft ist.

ॐ

Mit innerer Verhärtung beginnt der Weg der Gewalt

Es ist eine Banalität, aber bei mir hat sich was eingeschlichen. Also, es hört sich jetzt saubanal an, dass ich ganz oft pinkeln muss. Es ist halt wirklich ein Muster bei mir geworden. Ich möchte das klären.

Hast du Angst?

Ja, manchmal.

Hast du mehr Angst, als du dir eingestehen möchtest?

Auch manchmal.

Lass uns auf einer anderen Ebene über Angst sprechen. Auf einer anderen Ebene als du es bisher gewohnt bist, über Angst zu sprechen.
Was ist Angst eigentlich? Offensichtlich wird die Menschheit von Angst beherrscht. Besonders die westliche Gesellschaft. Und ganz besonders die deutsche Gesellschaft.

Wir versuchen, dieser Angst irgendwie Herr zu werden. Und im Laufe der Geschichte kommt es dann in diesem Versuch, dieser Angst Herr zu werden, immer wieder zu Gewaltausbrüchen. So wie das Dritte Reich ein Gewaltausbruch war, der aus Angst geschehen ist. Angst, die zu Gewalt führt. Gewalt mit mir selbst, Gewalt mit den Menschen. Warum fällt es uns so schwer, einfach Angst zu haben, ohne sie auszuagieren? Was macht Angst so gefährlich? Und ist Angst wirklich ein Gegner auf dem inneren Weg, oder kann sie zu einem Verbündeten werden? Es gibt einen einfachen Heilsatz, den ich Menschen empfehle, die sehr viel Angst haben, aber anstatt Angst wirklich zu fühlen, Gewalt ausüben, ein Akt, der häufig mit einer *Rationalisierung* beginnt. Und dieser Satz, dieser einfache Satz, der dir so schwer über die Lippen kommt, der so vielen Menschen so schwer über die Lippen kommt, ist der Satz: „Ich habe Angst." Es ist ein scheinbar unüberwindbares Hindernis für viele Menschen, diesen Satz vor sich selbst und in einer Situation vor einem Partner, einem Liebsten auszusprechen. Und dieser Satz ist keineswegs so banal wie er scheint. Im Gegenteil, die Einfachheit dieses Satzes ist innerlich und im äußeren Ausdruck für dich äußerst heilsam. Dieser Satz öffnet in dir einen Raum des Erkennens, der Sanftheit mit dir selbst und der Möglichkeit, diesem inneren Getriebensein ein Ende zu bereiten. Sprich diesen Satz nicht nur aus – fühle ihn auch! Viele deiner Handlungen und viele deiner Worte werden dann überflüssig. Ein Mensch, der Angst hat und nicht in der Lage und nicht bereit ist, sich diese Angst einzugestehen, ist nicht wirklich bereit für die innere Stille. Denn ein Mensch, der Angst hat und der mit dieser Angst im Krieg lebt im Versuch, vor ihr zu flüchten, dieser Mensch kann nicht in Frieden sein. Nicht in Frieden mit der Angst und schon gar nicht in Frieden mit sich selbst. Und das Ausmaß getriebener Angst im deutschen Kollektiv ist einzigartig, wirklich einzigartig. Und in diesem Raum von Darshan wird diese Angst fühlbar für diejenigen, die bereit sind, einen Moment anzuhalten, still zu sein und nach innen zu lauschen. Wir haben so oft die Frage gestellt, und von vielen Historikern ist diese Frage gestellt worden: Wie war es möglich, dass im Zweiten Weltkrieg in Deutschland geschehen ist, was geschehen ist? Wie waren Menschen, die vielleicht vorher noch Familienväter waren, fähig zu dem, wozu sie während des Krieges fähig waren? Ich habe immer wieder eine einfache Antwort auf diese Frage gegeben, die viel einfacher ist als viele der kulturhistorischen Erklärungen, die gegeben worden sind. Die einfache Antwort ist: Sie fühlten nicht, was sie taten. Und wenn wir nicht fühlen, was wir tun, wenn wir nicht einmal die Angst bereit sind zu fühlen, die uns innerlich kontrahiert, die uns verengt und hart macht, dann ist das der erste Schritt auf einem innerlichen Weg der Gewalt. Denn mit der inneren Verhärtung, mit der Verengung des Geistes und mit dem Schließen des Geistes beginnt ein Weg der Gewalt. Und die Gewalt, die dann in der Außenwelt sichtbar wird, ist ein sehr fortgeschrittenes Stadium von Menschen, die viel früher diesen inneren Weg zu wählen begonnen haben mit der Verhärtung gegen die Angst. Das ist der initiale Moment.

Dieser Raum, ein Raum der Menschlichkeit genau so wie der Göttlichkeit, ist ein Raum, ein fühlender Raum mit der Einladung an die Menschen, ihr fühlendes Wesen wieder einzunehmen. Und wenn wir das tun, dann gehört dazu im ersten Moment auch das einfache Eingeständnis, dass ich bereit bin, vor mir selbst mitzuteilen: Ich habe Angst. Und wenn du das tust, dann spürst du, wie eine große Last von dir abfällt. Dieser Akt an sich ist ein Akt des Mitgefühls mit dir selbst und öffnet das Tor für einen inneren Raum der Vertiefung, des Erkennens und, im Kern, der Stille und des Friedens. Denn Frieden bedeutet Frieden zu machen mit allem, was in mir ist, in Frieden zu sein mit dem, was ich mir nicht eingestanden habe. Und es gibt keinen Grund dafür, weil der Herzensraum groß genug ist. Der Raum von Liebe und Mitgefühl ist groß genug, um das zu nehmen, um alles zu nehmen, was du selbst dir versagt hast. Also sag es dir in der Situation, wo es auftaucht, und fühle die heilende Wirkung eines so einfachen Satzes. Wenn er ausgesprochen wird, nicht als angewandte Heiltechnik, sondern aus der inneren Sanftheit mit dir selbst.

Wenn ich bereit bin, diese Kraft auf sanfte Art und Weise zu nehmen und mich, so paradox es erscheint, von ihr überwältigen zu lassen, von Angst überwältigen zu lassen, bei vollem Bewusstsein, dann erfahre ich den Wandel dieser Kraft, die, wie ich eben sagte, zu einem Verbündeten auf dem inneren Weg und zu einem großen Toröffner werden kann.

Der geistige Knoten liegt in der Angst, vor der die Menschen flüchten und die es ihnen nicht erlaubt, die Kraft dieser Emotionen wirklich zu nutzen, und das ist es, was uns letztlich den Weg in die Liebe versperrt. Denn ein Mensch, der Angst hat, ohne wirklich mit Angst zu sein, ist nicht liebesfähig. Wir wissen das, und es ist auch unsere Erfahrung, und dennoch sind wir so konditioniert worden in unserem Kampf ums Überleben, dass sich alles in uns gegen das sträubt, was ich empfehle: sich von Angst überwältigen zu lassen. Wir finden tatsächlich die Weisheit, die innere Weisheit an dem Ort, gegen den sich unsere Konditionierung mit allen Mitteln versucht zu wehren. Also, habe bewusst Angst und finde heraus, nicht in deinem Denken, sondern in direkter innerer Begegnung, was das Geheimnis dieser Kraft ist, die so mächtig ist, dass sie in der Lage ist, die ganze Menschheit in Schach zu halten.

ॐ

Abgrenzung gegenüber Gott

Was macht die Angst, hast du immer noch Angst?

Die Angst ist immer noch da. Ich habe mir das Buch gekauft: Auge in Auge mit Dir Selbst.

Wie wäre es mit: Auge in Auge mit der Angst? Wie findest du das? Auge in Auge mit der Angst?

Das macht mir Angst.

Siehst du, genau das ist eben die Falle. Weißt du, Angst ist eine Kraft, die die Menschen eng macht. Nicht weit, sondern erst einmal eng. Sie verengt deinen Horizont. Warum möchte jemand in einem sehr kleinen Haus wohnen? Du zum Beispiel. Ich könnte ja auch sagen: Gib doch mal dein Haus auf und wohne einfach im Himmel. Wie wäre das? Du sagst nein, ich habe ein sehr kleines Haus und ich bestehe auf meinem sehr kleinen Haus…

… das ich auswendig kenne.

Das ich auswendig kenne, und wo ich weiß, dass alles richtig platziert ist, wo ich mich auskenne. Es ist zwar nicht besonders, ich meine, es ist nicht frei, nein, frei ist es nicht, aber es ist definiert. Es ist klein, es ist eng und es gehört mir, was ja das wichtigste ist. Dieses sehr kleine Haus, das meines ist, das sehr eng ist und in dem der Besitzer darauf besteht, dass es ihm gehört, diesem sehr engen Haus können wir auch den Namen *Angst* geben. So dass sich für dich die Frage stellt, in welchem Haus möchtest du eigentlich wohnen? Möchtest du weiterhin in einem sehr kleinen, engen Haus wohnen, in dem du kaum atmen kannst, das alles andere ist als frei? Alles andere ist als weit und klar? Alles andere ist als fließende freie Kraft? In dem keine Bewusstheit herrscht, sondern Flüchtigkeit, Dumpfheit, Wachsamkeit, die nach außen gerichtet ist, aber nicht nach innen? Möchtest du in diesem Haus wirklich wohnen? Du hast dir dieses Haus ausgesucht. Du hast darauf bestanden, in einem sehr, sehr kleinen Haus zu wohnen. Du bist da eingezogen. Es war und ist deine Wahl, deine freie Entscheidung.

Es geht nicht darum, das Haus zu vergrößern. Es gibt nicht wenige spirituell Suchende, die versuchen es mit Anbauten zu vergrößern, ein kleiner Erker hier, vielleicht eine extra Veranda dort. Und die glauben dann allen Ernstes, dass dieser kurzzeitige relative Gewinn an Bewegungsfreiheit ausreichend wäre. Nein, dieses Haus … da kann man nur ausziehen. Und um dort wirklich auszuziehen, braucht es einen Willen, dort auszuziehen. Ein Mensch, der sich in das Herz bewegt, braucht auch den Willen zur Freiheit, bis die Freiheit grenzenlos ist, weil sie den Ich-Gedanken verschlungen hat. Es gibt wenige Menschen, es gibt kaum Menschen, die wirklich frei sein wollen. Wir können sagen:

Das ist ein Rätsel. Aber wenn wir die andere Seite betrachten, die Macht der Täuschung, zu der der Geist fähig ist, dann ist es schon nicht mehr so ein Rätsel, dass kaum ein Mensch frei sein möchte. Und es gibt auch wenige Menschen, die in diesem Leben zu Ohren bekommen, dass es so etwas überhaupt gibt, dass es überhaupt die Möglichkeit gibt, in diesem Leben frei zu sein von jeglicher Enge, von jeglicher Identifikation, selbst von falscher Liebe, oder falschem Wissen. Dass es die Möglichkeit gibt, nicht mehr in einem kleinen Haus zu wohnen, auch nicht in einem großen, sondern im SEIN selbst zu wohnen.

Dass dieses Ich auf Abgrenzung besteht, das ist eine Abgrenzung gegenüber Gott, eine Abgrenzung gegenüber dem Sein. Dass ich auf Abgrenzung bestehe, das ist der Urakt meines Eigenwillens. Und gezwungen zu sein, ein Leben in Angst zu führen, muss in diesem Zusammenhang betrachtet werden. Ein Ich, das auf Begrenzung in eigener Form besteht, um nicht wirklich eins zu sein mit allem, muss ein Leben in Angst als zwangsläufige Konsequenz hinnehmen. Das heißt, Angst beruht, aus der Perspektive eines erwachsenen Menschen, auf der Haltung: Ich bestehe auf meinen Grenzen, ich bestehe auf den Grenzen meines kleinen Hauses und seinem Kleingarten. Und solange du diese Haltung hast, hast du keinen wirklichen Willen für die Freiheit. Du hast vielmehr einen Willen für die Gefangenschaft, welche dir zumindest etwas Eigenes verspricht, etwas, das nur dir gehört. So nimmst du die Seele gefangen, du nimmst dich selbst gefangen, weil du auf Grenzen bestehst, auf Begrenztheit. Diese Begrenztheit ist nicht nur die Identifikation mit deinem Körper, sondern auch noch die Begrenztheit deiner Wahrnehmung, die Begrenztheit deines Fühlens und deines Denkens. Letzten Endes meine ich das Potential von Erkenntnis. Du musst wissen, ob es dir das alles wirklich wert ist.

ॐ

Angst ist eine Illusion

In meinem Leben gibt es in vielen Kleinigkeiten Angst, Unsicherheit, ein Zögern, ein Mich-nicht-mitteilen oder vielleicht nicht wahrhaftig zu sein, wie Du es gestern genannt hast. Meine bisherigen Lehrer sagen, man muss es irgendwie im Inneren tragen können, diese Angst, die es in mir gibt. Bis heute scheint mir das irgendwie nicht vorstellbar, wenn ich mich dorthin bewege in meinem Inneren, dann ist es wie, wie … ich nenne das ‚blankes Entsetzen', und das ist nicht Angst vor irgendwelchen spezifischen Dingen. Es kann sich auf alles beziehen, aber es behindert mich im Alltag. Es lässt mich zögern, mich nicht mitteilen, Dinge nicht tun, die ich vielleicht tun sollte oder könnte. Kannst Du bitte zu diesem Thema Angst etwas sagen?

Also zunächst möchte ich sagen, dass ein Mensch, der keine Angst hat, entweder unbewusst, hochgradig gestört, oder erleuchtet ist. Es gibt verschiedene Ebenen von Lehren über die Angst. Es gibt die Lebenshilfe, die dich lehren kann, dich mit dem, was du Angst nennst, zu arrangieren. Durch positive Gedanken, die, lax gesprochen, alle dieselbe Botschaft in sich tragen: „Ist doch alles halb so schlimm." Oder geh' in eine Verhaltenstherapie und lerne, mit angstvollen Situationen umzugehen und sie auf diese Weise zu lindern und möglicherweise auch aus der Oberfläche der konkreten Situation abzudrängen. Die tiefste Heillehre über die Angst ist die Lehre der Transformation, die

Möglichkeit der Transformation von Angst. Diese Lehre ist nicht mehr an den konkreten, oberflächlichen Inhalten von Ängsten interessiert, sondern daran, diesem Spukphänomen vollständig auf den Grund zu gehen. Angst kann sich tatsächlich vollständig auflösen, wenn wir diesen Weg in die Tiefe nehmen, denn das Phänomen, was wir Angst nennen, ist nicht einfach nur ein Gefühl, es ist ein Netz von Illusionen, es ist ein Netz von Selbsttäuschungen. Und dieses Netz von Täuschungen hat eine große Macht über die Menschen. Wir müssen beginnen, Strukturen von Täuschung, von Selbsttäuschung auf den Grund zu gehen. Das ist nicht allein mit Lebenshilfe getan, nicht mit Psychotherapie. Die radikalen Mittel, die ich vorschlage, sind die spirituellen Tugenden von Hingabe und Selbsterforschung. *Bhakti* und *Jnana*.

Das ist doch ein ganz grundlegender Aspekt von Selbsttäuschungen, in der die Menschen leben, nämlich die Distanz zwischen dem Schauenden und dem Geschauten. Die Frage der inneren Distanz zwischen dem Schauenden und den Bildern, den Gefühlen, den ganzen Universen, die sich da auftun. Wie groß ist der Abstand zwischen dir und dem, was du Angst nennst? Du wirst feststellen, dass es einen Abstand gibt, und das genau ist die Grundstruktur im Aufbau von Selbsttäuschung. Wir können nicht wirklich sehen, *was ist,* weil wir zu weit entfernt sind von dem, *was ist.* Wir haben uns zurückgezogen, wir laufen weg, wir laufen woanders hin. Aber wir verstehen es noch nicht, vollständig dazubleiben und die unbedingte Nähe aufzusuchen. Die Nähe zu *Dem-was-ist.*

Jetzt wirst du mir vielleicht sagen: „Ich bin zu feige." Dann werde ich dir antworten: „Eben das ist eines der

Elemente der Selbsttäuschung von Angst." Angst ist ein Phänomen, das den Schauenden dazu verleitet, Abstand zu nehmen. Wenn ich ein kleines Kind vor mir habe und mir eine Monstermaske überziehe, wird das Kind weglaufen. Es wird flüchten. Warum wird es nicht einfach stehen bleiben und in innerer Unbewegtheit schauen? Weil es nicht die Bewusstheit hat. Weil es die Möglichkeit nicht in Betracht zieht, weil es noch nicht die Intelligenz besitzt, diese Möglichkeit zu erkennen. Weil es von den Strukturen der Illusion und der Täuschung gefangen genommen wird. Und Angst ist eine der großen Illusionen der Menschheit. Vielleicht eine der größten überhaupt.

Wie Menschen des inneren Weges wissen, ist es zwecklos, heldenhaft gegen die Angst vorzugehen, genauso wenig wie es etwas nützt, sich stark zu machen mittels weiterer Illusionen und Selbsttäuschungen. All das wird die Täuschung von Angst nicht zerstören. Also bist du aufgefordert, den Strukturen von Selbsttäuschung und Illusion auf die Spur zu kommen. Flüchtende sind immer zu weit entfernt. Sie sind immer einen Schritt zu weit entfernt von Erkenntnis. Und wenn man dem Flüchtenden näher kommt, versucht er seine Fluchtgeschwindigkeit zu erhöhen. Um die Gefangenschaft in Täuschung und Illusion zu erkennen, müssen wir es verstehen lernen, wirklich nahe zu treten! Egal was wir sehen wollen, wir müssen den Mut aufbringen, das Vertrauen, die Liebe, um so nah herantreten zu können, dass wir sehen können, dass wir fühlen können, dass wir durch-schauen können. Wir müssen davon ausgehen, dass alles, was wir sehen, nur eine Fassade ist, alles. Und haben wir den Mut, hindurch zu dringen? Haben wir den Mut, so nahe heranzutreten, dass der Schauende und das Geschaute eins werden? Und das bedeutet nicht mehr "Ich habe Angst", sondern „Ich bin Angst". Solange ich Angst habe, bin ich viel zu weit entfernt. Erst wenn ich Angst bin, bin ich eins mit Angst und kann sie von innen sehen.

ॐ

Der Flüchtende weiß nicht, wovor er flüchtet

Ich möchte meine Angst loswerden.

Die schlechte Nachricht ist, dass die Angst dich möglicherweise bis zum Ende begleiten wird. Sie ist ein ungebetener Dauergast des Wegbeschreiters.
Die gute Nachricht ist, dass sich deine Haltung der Angst gegenüber wandeln kann. Und wenn sich deine Haltung ändert, dann ändert sich auch die Angst. Sie ist dann nicht mehr das, was sie war.
Das Phänomen von Angst – wir wissen nicht, was das eigentlich ist. Jeder hat sie, jeder wird von ihr verfolgt, jeder versucht sie abzuschütteln wie ein lästiges Ungeziefer. Aber so wirklich genau kennt sie niemand. Das liegt daran, dass wir nur das kennen, womit wir eins geworden sind. Das, womit wir nicht eins sind, kennen wir nicht. Daraus ergibt sich zwangsläufig in Bezug auf die Angst die eigentlich schizoide Situation, dass der Flüchtende gar nicht weiß, wovor er flüchtet. Es liegt sozusagen inhärent, innewohnend in dieser inneren Situation, dass der Flüchtende nicht kennen kann, wovor er flüchtet. Das ist natürlich absurd. Nun glaubt der Flüchtende jedoch zu wissen, wovor er flüchtet. Ich behaupte jedoch, er weiß es

nicht. Es gibt grundlegend zwei Arten von Wissen: *direktes Wissen,* nennen wir es Wissen aus erster Hand. Diese Form des Wissens ist ein Wissen, das aus der Gewissheit direkter, innerer Erfahrung stammt. Die zweite Form des Wissens ist eine Form des Wissens, mit der viele Menschen vollgestopft sind. Es ist *indirektes Wissen,* es ist Wissen aus zweiter Hand, Konzeptwissen. Das gesamte Verstandeswissen fällt in diese Kategorie. Diese Kategorie ist ein Wissen *über* etwas, es ist nicht ein Wissen *in* etwas. So geht es den Menschen auch in ihrem Wissen über das, was sie glauben, was Angst ist. Sie wissen vieles über die Angst, aber sie wissen nicht innerhalb der Angst. Das liegt daran, dass das Phänomen von Angst im Bewusstsein des Menschen ein Phänomen ist, das Zentrifugalkräfte entwickelt, so dass die Aufmerksamkeit des Menschen sich gezwungen fühlt, in die Peripherie gedrängt zu werden und von dem inneren Ort Abstand zu nehmen, an dem sich diese Kraft eigentlich aufhält. Das nennen wir dann Angst vor der Angst.

Mit anderen Worten: Es gibt wenige Menschen, die Angst haben. Ich kenne fast ausschließlich Menschen, die Angst vor der Angst haben, aber in dem Glauben leben, sie hätten Angst. Dass ein Mensch Angst hat, das ist eigentlich ein fortgeschrittenes Phänomen des inneren Weges. Angst vor der Angst beschreibt die Zentrifugalkräfte, die die Aufmerksamkeit von diesem Zentrum wegführen, auch widergespiegelt in der Situation des Flüchtenden. Das heißt die Menschen sind auf der Flucht vor der Angst. Wenn ein Mensch den Tod fürchtet, dann fürchtet er zunächst nicht den Tod, sondern die Angst vor dem Tod. Das heißt, bevor er überhaupt Angst vor dem Tod haben kann, muss er erst die Angst vor der Angst vor dem Tod aufgeben.

Diese Beschreibungen sind notwendig, um diesen Abstand zu verringern und dir zu vergegenwärtigen, dass möglicherweise das, was du als Angst angenommen hast, gar nicht die Angst ist. Angst ist also ein großer Begleiter des Weges, und da es keine Kraft in dieser Welt gibt, die an sich ausschließlich dämonischer oder erkenntnisvernichtender Natur ist, müssen wir auch hier die Doppeldeutung dieses Phänomens erkennen, so dass Angst auch das große Tor in das Herz sein kann. Doch in deiner Welt schließen sich Angst und Herz, Angst und Sein oder Angst und Liebe erst einmal aus, und du erfährst Angst als lähmende Kraft, du erfährst Angst als Hemmung, als Verengung, als Hindernis. Und so geht es zunächst den meisten Menschen, die den esoterischen Schlüssel für diese Kraft nicht gefunden haben, und im Grunde darauf hoffen, dass ihnen diese Geißel irgendwann einmal genommen wird. Sie verstehen dann Erlösung oder Befreiung als einen angstfreien Zustand, der vollkommenes Loslassen erst ermöglichen würde. Erst dann, glauben sie, könnten sie endlich frei sein.

Wenn sich deine Haltung ändern kann, dann ist Angst und Sein kein Widerspruch mehr. Du wirst gelähmt von Angst, weil du Angst lähmst. Das heißt, du bist es, der versucht, sie auszuschalten. Die Folge ist, dass sie dich ausschaltet. So ist es mit allem.

Nutze Angst als ein Tor zum Selbst. Die Erfahrung zeigt, dass, wenn das Tor der Angst nicht offen steht, es unmöglich ist für einen Menschen, einen Zustand freien Seins zu erfahren.

Die Flucht beenden

Ich leide darunter, dass ich viel an der Oberfläche suche, und irgendwie gar nicht wirklich verstehe, wie ich so in die Tiefe kommen kann. Und was da überhaupt ist.

Es gibt gewisse Kräfte im Geiste des Menschen, die ihn an die Oberfläche ziehen. In die Peripherie menschlichen Daseins, dort wo die Banalität und ihre Geistlosigkeiten den Menschen in ihren Bann ziehen. Eine der größten, mächtigsten und wirkungsvollsten nennt sich Angst. Die Wirkungsweise von Angst wird nicht nur beschrieben durch eine innere Verengung des Herzens. Vielmehr hat die Wirkungsweise von Angst noch einen zweiten sehr wesentlichen Aspekt, nämlich dass Angst die Menschen an die Oberfläche zieht. An der Oberfläche des Seins denken Menschen viel, ohne zu wissen, reden Menschen viel, ohne etwas auszudrücken. Um wirklich intelligente Prozesse zuzulassen, brauchten sie nur einen Bruchteil der Gedanken, die sie täglich denken. Ein Großteil ihrer Gedanken besteht aus Variationen sich wiederholender Prozesse, die lediglich eine Aufgabe verfolgen: Kompensation. Denkschleifen ohne Ausgang, angetrieben von Kräften, die ihnen selbst nicht bewusst sind. Und einer der großen Kräfte, von denen dieses hyperaktive Denken angetrieben wird, ist Angst.

Angst ist ein deutsches Kulturgut. Andere Völker haben erkannt, dass der deutsche Geist eine ganz besondere Beziehung zur Angst hat. Sie machen sich lustig über „German Angst". Wenn es den Deutschen auch nur ein Prozent schlechter geht – wenn die Luxusspitzen ihres Wohlstands zu brechen drohen und der sogenannte

Geschäftsklimaindex sinkt – entsteht sofort eine Riesenangst von apokalyptischen Ausmaßen: Verarmung, Zusammenbrüche, Katastrophen. Aber das ist nur die Peripherie dieser Angstwelt.

Ein Weg, auf dem es darum geht, mit der Seele in Kontakt zu treten, führt nicht an der Erkenntnis von Angst vorbei. Die Erkenntnis von Angst verlangt nach Einsichten in ihre Wirkweise. Angst ist ein fast zwangsläufiger Zug an die Oberfläche des Daseins. Wie verleitet sie das Bewusstsein des Menschen dazu? Ein großer Teil innerer Rationalität ist nicht so nüchtern, wie er auf den ersten Blick ausschaut. Er ist angstbesetzt, d.h. er ist nicht rational, sondern rationalisiert. Das ist ein wesentlicher Unterschied, denn das Rationalisierte wird meist von Kräften des 2. Gehirns gespeist. Es ist folglich nicht rational, was die Sprache des 3. Gehirns beschreibt. Jegliche rationale Beschäftigung, die von unbewusster Angst getrieben wird, ist aus der Sicht dieses Weges nicht nur unintelligent, sie ist reine Zeitverschwendung, Verschwendung von Lebenskraft, Ablenkung von der Tiefe der eigenen Seele. Und letztlich Widerstand gegen Das-was-ist. Das bedeutet auch Widerstand gegen die Angst selbst. Denn wenn ich sage, dass die Angst die Menschen an die Oberfläche zieht, dann beschreibe ich damit auch ihre Flucht. Die Flucht vor der Angst. Das Zuviel an Denkprozessen westlicher Menschen beruht größtenteils auf Angst. Sie führen ein Leben in Angst. Und sie sind nicht wirklich bereit, sich der *nackten Angst* zu stellen. Anstatt dessen reden sie, denken sie, suchen ständig nach Erklärungen, Erläuterungen, Rechtfertigungen, Kompensationen, Fluchtmöglichkeiten. Der Heilsweg, der dem Suchenden aufgezeigt werden muss, ist der Weg in die *Nacktheit von Angst*. Angst muss zum Begleiter in die Tiefe werden. Das heißt, die Bewegungsrichtung der Aufmerksamkeit im Wirkmechanismus von Angst muss sich um 180 Grad drehen. Das ist ein wesentlicher Schritt des inneren Weges, wenn ein Mensch gelernt hat, mit Angst in die Tiefe des Herzens zu fallen. Es bedingt, jede Flucht aufzugeben. Es besteht nicht einmal mehr die Möglichkeit, auch nur einen Zentimeter zur Seite zu treten. Es gibt keine Alternativen mehr, keine Fluchtwege, keine Auswege, nichts mehr. Nur noch Ich und Angst, beide nackt – und die Bereitschaft zu fallen. So wird der unsägliche Bann der Angst gebrochen und der Zwang, ein Leben an der Oberfläche zu führen, so wie es die meisten Menschen tun – und sie wissen es nicht einmal. An der Oberfläche des Seins ist Vieles. Vieles Unwesentliche. In der Tiefe des Seins ist Alles. Alles Wesentliche.

ॐ

Flucht und der Wunsch nach Sicherheit

Du kannst nicht vollständig am Leben teilnehmen, sagst du. Und wie genau erfährst du diesen Zustand?

Ich husche dann irgendwie weg.

Und wenn ich fragen darf, vor was huschst du so weg?

Das kenne ich gar nicht, es wird gerade richtig verschwommen … irgendwie auf einmal …

… „irgendwie und auf einmal"? Es wird immer dann verschwommen, wenn du etwas sehr Wesentliches erkennen möchtest. Du musst diese Frage beantworten, und du beantwortest sie, indem du die Aufmerksamkeit genau an den Ort zurück richtest, an dem die Flucht beginnt, das Huschen, wie du sagtest. Ja, dort ist das, wovon du weg möchtest. Die Absicht des Flüchtenden ist immer und ausschließlich im Dienste seiner Sicherheit. Und sicherlich gehörst du zu denjenigen, die einen sehr viel größeren Wunsch nach Sicherheit als nach Freiheit haben. Nun ist der Wunsch nach Sicherheit aus der Perspektive des Überlebenswunsches des Ichs logisch und nachvollziehbar. Der erste Impuls führt in die Freude, entkommen zu sein. Aus der Unsicherheitszone, aus der Bedrohung, aus der Todeszone. So ist der erste Impuls des Flüchtenden immer Glück, Freude, Erleichterung. Nachdem dieser erste Impuls verebbt ist, kommt ein anderer Geschmack auf. Denn das, wovor er flüchten wollte, befindet sich schon wieder in seiner Nähe. Eine schwierige Situation für ihn. Das heißt, die Flucht beginnt erneut. Und das Glück des Flüchtenden ist nur von kurzer Dauer. Das solltest du auch erkennen. Aber letztlich musst du herausfinden, vor was du eigentlich flüchtest. Ohne diese Antwort gibt es kein Ende. Was willst du schützen? Was bedroht dich? Flüchtende sind nicht frei. Freiheit ist denen vorbehalten, die sich niederlassen, um sich selbst ins Auge zu sehen.

ॐ

Die Gefahr der Selbstabwendung

Ich merke, wie ich immer wieder zerstören will oder flüchten möchte.

Warum flüchten?

Weil ich Angst habe.

Das heißt also, da ist immer jemand, der möchte von der Angst weg.

Ja.

Der Ort, an dem du dir selbst wirklich nahe kommst, ist der Ort, von dem du weg willst.

Das kann doch nicht sein …

Das stellt sich dir natürlich so nicht dar. Die Angst ist ein trickreicher Blender. Sie zeigt dir einen entfernten Ort, um Intimität und Geborgenheit mit dir selbst zu finden. Sie nennt diesen Ort, der nur durch Distanzierung und Flucht zu erreichen ist, einen *sicheren* Ort. Der Ort, der frei scheint von Angst, ist angefüllt mit Angst. Der Ort, der angefüllt scheint mit Angst, ist frei von Angst. Du darfst dich nicht abschrecken lassen. Im Gegenteil. Was ist Angst? Du weißt gar nicht, was Angst ist. Wer weiß das? Angst ist nur das, was du darüber gelernt hast. Angst ist ein Konzept. Angst ist nicht das, was du *weißt,* was du *siehst,* was du in direkter Erfahrung *erkennst.* Du musst durchdringen durch diese Schleier, die sich immer wieder über deinen Blick legen wollen, und du musst vor allen Dingen Respekt haben vor den Gefahren der Selbstabwendung durch Angst, die jederzeit von einem Moment auf den nächsten geschehen kann.

ॐ

Mitten hinein und mitten hindurch

Es ist eine Angst da, die Angst wirklich anzuschauen oder hinein zu spüren.

Der innere Weg ist ein Weg, der *mitten hinein* führt, nie drum herum. Wenn wir es beherrschen, den direkten Weg zu gehen, ohne Vermeidung und *mitten hinein,* dann lernen wir auch, dass der Weg nicht nur *mitten hinein,* sondern auch *mitten hindurch* führt. Es gibt nichts, das uns erspart bleibt. Es gibt nur einen wirklichen Heilsweg und dieser Heilsweg ist der Weg, der nicht nur symbolisch, sondern auch sehr konkret auf dem Erfahrungsweg *mitten hinein* führt. Und das bedeutet sehr konkret, dass wir durch das bei Bewusstheit hindurchtreten müssen, was wir bisher zutiefst vermieden haben. Und damit das möglich wird, braucht es Vertrauen in die Führung und auch darin, dass es gut ist, wie es ist. Dass das, was sichtbar wird, wenn ich hindurchtrete, dem Wesen nach gut ist. Die Angst spricht eine andere Sprache. Die Angst befürchtet Vernichtung. Die Angst fürchtet das Nichts, die Angst fürchtet zutiefst das Nicht-Sein. Eigentlich haben wir gar keine Angst vor dem Tod, sondern, ohne das so ausdrücken zu können, haben wir Angst vor dem Nicht-Sein. Wir glauben daran, dass unser körperliches Dasein vielleicht doch so etwas sein könnte wie eine Insel des Seins, umgeben vom Nichts, von Nicht-Sein.

Der mystische Weg ist der Weg direkter Erfahrung. Direkte Erfahrung ist der Weg *mitten hinein* und *mitten hindurch*. Der Weg *mitten hindurch* ist der Weg ohne jegliche Vermeidung von Leben oder Tod. Wir sprachen von der Zerstörungskraft, das ist die Kraft des Todes. Aber ob die Kraft des Todes wirklich in das Nichts führt, so wie viele Menschen unbewusst glauben oder befürchten, wissen wir das wirklich? Oder sind wir bereit, denjenigen Meistern zu trauen, die durch diese Erfahrung hindurchgetreten sind, und zum Urgrund gelangt sind? Es sieht so aus, als brauchten wir so etwas wie einen Vertrauensvorschuss in das Sein. Wir sind es nicht gewohnt, den absolut direkten Weg zu gehen, weil etwas in uns glaubt und befürchtet, das sei der Weg des Todes. Und wir verstehen diejenigen Wege, die drum herum gehen, als Wege der Selbstschonung. Viele Menschen betreten den Befreiungsweg, kommen in Kontakt mit einem Lehrer und tragen die nicht ausgesprochene innere Haltung in sich: „Bitte verschone mich." Der Befreiungsweg jedoch übersetzt sich in: „Bitte nimm mich."

ॐ

Verheimlichung

Ich habe Angst mich mitzuteilen.

Das ist die Angst, sich in der Mitteilung wirklich zu erkennen zu geben. Oder dachtest du, Wahrheit könne tief in deinem Herzen heimlich existieren? Das Ich glaubt immer noch, es könnte Wahrheit für sich behalten. Mitteilung ist die eigene Offenbarung. Denn wem teilst du dich mit? Du teilst es mit dem Selbst. Diese Schwelle, dieses Zurückschrecken ist eine Angst, als wenn dein wahres Wesen nicht wirklich und vollständig da sein dürfte. Es ist dieser unausgesprochene Richterspruch: Es ist falsch, so wie ich bin, wie ich wirklich bin. Du brauchst die Bereitschaft, auch mit dieser Angst zu sein, das wahre Wesen zu offenbaren und zu erfahren, dass es empfangen wird vom Göttlichen. Es ist diese tiefgreifende Konsequenz der Idee von Abtrennung, dass Gott mich nicht mehr empfängt, dass mich das Eine nicht mehr vollständig in Empfang nimmt, so wie ich bin. Die Schwelle dieses Verbotes muss überschritten werden. Die Angst, die Verletzlichkeit, die mit dieser Selbstoffenbarung einhergeht, möchte genommen werden. Und die Idee, die dahintersteht, nämlich dass die Heimlichkeit meines Innenlebens eine Sicherheit bietet vor den Angriffen nicht wohlgesonnener Kräfte im Außen, diese Idee möchte in Friedenszeiten hinterfragt werden. Die Idee von Bedrohung reicht tief in den denkenden Geist hinein, sie beginnt mit der Identifikation mit diesem Körper. Die Idee von Bedrohung geht bis an die Wurzel unserer Existenz. Und mit diesem Gefühl von Bedrohung trittst du nach außen, um das zu offenbaren, was zu offenbaren ist. In der Versenkung hat es keine Chance auf Heilung.

Alle Menschen fühlen sich bedroht, das wahre Wesen zu zeigen und zu offenbaren. Und die allermeisten verraten ihr wahres Wesen, nur um dazuzugehören. Lieber passen sie sich an die Falschheit der Masse an. Wenige machen sich auf die Suche nach der Wurzel der Bedrohung. Wer sie finden will, der muss die Angst finden. Wenn die Illusion von Angst in ihrem Kern durchschaut ist, hat sich die innere Situation von Bedrohung in Wohlgefallen aufgelöst.

Angst vor den Kräften der Nacht

In den letzten Tagen ist es sehr still, friedlich und leicht, und nachts scheint es einfach anders zu sein. Ich schlafe unruhig und wache oft auf. Und morgens ist eine Schwere da und eine Traurigkeit. Und die löst sich im Laufe des Vormittags wieder auf. Aber ich frage mich: was passiert in der Nacht?

Da passiert so einiges, wovon viele Menschen nicht viel bemerken. Sie schlafen einfach. Aber in der Nacht arbeitet die Schattenwelt, die ins Bewusstsein dringen möchte. Diejenigen, die die Kräfte der Nacht sehr stark unterdrücken, geraten in bestimmte Phasen des Aufruhrs, wenn die Betäubung nachlässt. Dann beginnen diese Kräfte zu arbeiten, steigen auf wie Luftblasen vom Grund des Meeres. Das sind die ersten Boten. Es sind jene Kräfte, die dich vollständig machen. Und immer dann, wenn die ersten Boten ins Bewusstsein aufsteigen, dann heißt das, dass der Zeitpunkt da ist, in Kontakt zu treten, statt es zurück ins Unterbewusstsein zu drängen. Nutze das Potential, auch wenn es sich zunächst anfühlt wie gebundene, nicht fließende Kraft: Traurigkeit, vielleicht sogar Depression. Etwas in dir wird transparenter, durchlässiger. Das Tagesbewusstsein ist im gewöhnlichen Menschen eingekapselt von einer festen, undurchlässigen Geistesschicht, die wie eine Haut diese Welt umschließt und vom Nachtbewusstsein abgrenzt. Diese Schicht wird in der Meditation transparent. Von unten beginnen dann Kräfte durchzusickern, welche das Tagesbewusstsein bisher fern zu halten versuchte. Die Nacht wird beherrscht von den Kräften der Zerstörung und des Todes. Der Tag wird beherrscht von den schöpferischen Kräften und der Lebendigkeit. Und

in diesen Kräften der Nacht ist ein Großteil der Lebenskraft westlicher Menschen gebunden, weil sie diese Kräfte fürchten. Dort ist es, wo sie das Böse vermuten, das Unheil, das Grauen, davon sind auch Atheisten nicht frei, denn ihr Unterbewusstsein ist vom tagesbewussten Gottes- und Teufels*un*glauben völlig unbeeindruckt. Doch die Nachtkräfte des Todes führen genauso wenig zwangsläufig in das Tote, wie die schöpferischen Tagkräfte in die Vitalität führen. Abhängig von der Geisteshaltung desjenigen, der in Beziehung tritt, kann auch das genaue Gegenteil der Fall sein. Die Todesverehrung der Romantiker betete die Kräfte der Nacht an und fand den lebendigen Tod. Die Todesverachtung moderner Rationalisten betet die Kräfte des Tages an und findet tote Lebendigkeit.
Kenne dich untertags genauso aus, wie obertags, im Dunklen genauso, wie im Lichten und du kannst dir des harmonischen Spiels der Tages- und Nachtkräfte gewiss sein.

ॐ

Angst vor den kleinen Katastrophen

Ich habe ständig Angst, etwas falsch zu machen, Angst mich überhaupt zu zeigen.

Hinter jeder Angst vor den kleinen Katastrophen steckt die Angst vor der großen Katastrophe. Wir halten uns mit den kleinen Katastrophen auf und lassen uns auf der Oberfläche verführen. Aber tief darunter ist die Angst vor der ganz großen Katastrophe, die eigentliche Hiobsbotschaft für das Ich: Wir nennen es die Vernichtung unserer selbst, die Auslöschung, den Tod, das endgültige

Ende. Und wenn du das siehst und fühlst, dann wird dir noch etwas anderes gewahr, nämlich dass du es deshalb als Katastrophe innerlich bezeichnest, weil du diesen Vorgang nicht wirklich angenommen und akzeptiert hast. Du weigerst dich, den Tod anzuerkennen und du weigerst dich, ihm den Respekt zu zollen, den du ihm eigentlich entgegenbringen müsstest. Den Tod interessiert es nicht, ob du ihn respektierst oder nicht. Der denkende Geist ist ein Kind, ein infantiles Geschöpf, das gleichzeitig klein und größenwahnsinnig ist. Größenwahnsinnig in seinem Glauben, dem Tod irgendwie von der Schippe springen zu können. Wir betrachten immer das als eine Katastrophe, was wir glauben, verhindern zu können oder zu müssen. Wenn du es hingegen nicht mehr verhindern musst, weil du in Respekt bist damit – ohnehin wissend, dass es nicht deine Angelegenheit ist, sondern die Angelegenheit des Todes, diesen Organismus zu holen, wenn es dran ist – dann tritt eine tiefe innere Entspannung ein. Wirkliche Katastrophen gibt es dann nicht mehr, denn die ultimative Katastrophe *war* der Tod.

Ist ein Meister nicht auch der Tod?

Deswegen haben Schüler ein gespaltenes Verhältnis zu einem Meister. Aber nur so lange, wie sie glauben, gegen den Tod ankämpfen zu können. Ist nicht der in der westlichen Zivilisation ins Geistige aufgestiegene Überlebenskampf des Ichs identisch mit dem Kampf gegen den Tod? Ist das nicht das Gleiche? Und ist es nicht erstaunlich, dass Menschen, durch die das Ende dieses Traumes geschehen ist, die keinen Wunsch zu überleben mehr kennen, dennoch leben? Glücklicher als je zuvor?

Die Angst, ein Nichts zu sein

Wenn ich morgens aufwache, ist da häufig eine große Furcht, eine innere Leere, ja, die Angst, niemand zu sein. Es ist nicht die Angst vor dem Tod, es ist die Angst, im Leben ein Nichts zu sein. Dieser Zustand hält an, solange ich mit geschlossenen Augen im Halbschlaf liegenbleibe. Ich komme dann durch rationales Denken nicht an ihn heran. Wenn ich dann aufstehe, anfange zu tun, was zu tun ist, verschwindet der Zustand nach und nach. Aber dies kann nicht wirklich die Lösung sein, sondern es ist, als ob dieses Loch nur wieder in mich absinkt, um von dort aus aufs Neue wieder aufzutauchen. Vielleicht ist dies auch der Motor, der mich ständig antreibt, es gut zu machen und mich noch mehr anzustrengen.

Wenn du morgens aufwachst, wenn du dich noch im Halbschlaf befindest, dann bist du in einem Zustand, in dem sich das Ich noch nicht vollständig wieder zusammengesetzt hat – eigentlich ein sehr wertvoller Zustand. Ein Zustand, der große Erkenntnisfähigkeit in sich trägt. Der Zustand des Erwachens, in dem das Wachbewusstsein noch nicht vollständig vorhanden ist. In diesem Halbschlaf lauert bereits das Ich im Hintergrund der Angst, niemand zu sein. Diese Angst, niemand zu sein, trägt in sich die Ahnung, tatsächlich niemand zu sein. Ja, was wäre denn, wenn du wirklich niemand wärst? Was wäre denn, wenn all das, was du glaubst zu sein, nur eine Einbildung wäre? Was wäre denn, wenn du eine Einbildung wärst? Kannst du dir das vorstellen: Ich bin eine Einbildung meiner selbst? Es ist schwer vorstellbar, um nicht zu sagen, gar nicht vorstellbar. Aber eigentlich ist das doch die Befreiung, ist es das nicht? Ist das nicht die Befreiung für einen

Menschen, niemand zu sein? Das eigentliche Ziel der großen Weisheitstraditionen aus Ost und West, nach dem jeder innere Schüler strebt? Ich meine, niemand mehr sein zu müssen, zu können oder zu wollen. Und dennoch gibt es eine große Angst vor dieser Auflösung aus der alten Gewohnheit der Selbstbehauptung. Die Angst vor der Auflösung. Das Nicht-Wissen, ob dann noch etwas ist. Wie viele Gläubige haben sich dann geflüchtet in die Vorstellung eines Lebens nach dem Tod? Auch das könnte eine Einbildung des Geistes sein. Der Glaube kann zwar Berge versetzen, doch wahres Wissen erlangen, das kann er nicht. Deshalb kann dieser Glaube die Angst vor Auslöschung auch nicht vollständig beheben. Dieses Problem, das sich offensichtlich nur dadurch lösen kann, dass du in diesem noch halbaufgelösten Zustand, im Halbschlaf, bereit bist, die Kraft deines inneren Sehens zu verwenden, wirklich zu *sehen* - genauso wie es Ramana Maharshi tat in dem Augenblick, als ihn die Todesfurcht überkam.

Ja, in dem Augenblick können wir *sehen*, wer der Tod ist und wer stirbt. Natürlich, wenn die Todesangst nicht anwesend ist, können wir auch nicht *sehen*, den Tod, ins Jenseits. Wir brauchen die Todesfurcht in dem Moment, um hindurchsehen zu können. Um dieses Tor nicht nur in Gedanken zu durchschreiten – ich meine, die Vorstellung eines ewigen Lebens anzunehmen – , sondern das reale Sehen in etwas, das jenseits des Todes ist, jenseits des Persönlichen und jenseits des Vergänglichen. Ja, du hast Angst, ein Nichts zu sein. Anstatt zu versuchen, so wie es jeder Mensch versucht, ein Jemand zu sein, um dieser Angst zu entfliehen, begegne dieser Angst, begegne der beginnenden Auflösung, und ziehe in Erwägung, tatsächlich niemand zu sein. Dann bist du frei. *Niemand* zu lieben, das ist ein Koan des inneren Weges.

Angst, zu versagen

Da ist so eine Versagensangst.

Versagensangst? Gut, und wenn ich dir einfach sage: „Versage!“? Versage einfach, jetzt. Erlaube dir zu versagen. Was ist falsch daran, zu versagen? Entspanne dich darin, zu versagen. Entspanne dich hinein in dieses Versagen.
Dieser Geist hat Angst zu versagen, weil er seinen eigenen selbstgeschaffenen Vorstellungen nicht genügt. Erst erschafft er irgendwelche Idealvorstellungen, und dann hat er Angst, daran gemessen zu werden. An seinen eigenen Vorstellungen. Ist das nicht absurd?
Das Scheitern ist auf dem inneren Weg früher oder später unausweichlich. Und weil dein Ich das weiß, dass es scheitern muss, hat es Angst davor, zu scheitern und zu versagen. Du hast einfach Angst davor. Und deshalb ist dieses Versagen der Fall von diesem falschen Thron des Ichs, das glaubt, es müsse es besser machen als Gott. Es sich wirklich einzugestehen, die Demut aufzubringen, sich dieses Versagen einzugestehen, das ist ein wesentlicher Moment. Ein spiritueller Moment. Ein Moment der Erkenntnis. Ein Moment der Hingabe, ein Moment, in dem der spirituelle Weg erst beginnt.

ॐ

Angst, entlarvt zu werden

Ich habe Todesangst. Und dann ist da ein Bild in mir. Das Bild eines Königs, der machtvoll, würdevoll und erhaben ist und im Dienste des Einen steht. Doch dann wird er geköpft und sein Kopf wird öffentlich zur Schau gestellt. Wenn es so ist, dachte sich mein Ich, werde ich von nun an aus dem Untergrund herrschen, versteckt, machtvoll, unantastbar im Dienste des Egos, dem König der Ratten. Mir wird übel, ich spüre die Gier nach mehr, hier beginnt der Allmachtswahn.

Warum haben wir so viel Angst? Jeder Betrüger hat Angst. Er hat Angst, dass es rauskommt, er hat Angst entlarvt zu werden. Er hat Angst gesehen zu werden, weil er nicht im Dienste der Wahrheit steht. Wenn du vollkommen im Dienste der Wahrheit stehen würdest, wovor solltest du Angst haben? Angst, dass die Wahrheit gesehen wird? Der, der wirklich und vollständig im Dienste des Einen steht, hat keine Angst. Weil er nichts zu verbergen hat. Angst taucht einfach nicht mehr auf, weil Angst immer eine Verbindung hat mit den Unaufrichtigkeiten dir selbst gegenüber. Das ist das System von Angst. Die Reinheit in dir hat keine Angst. Vor wem oder was sollte sie denn Angst haben? Vor der Unreinheit? Du hast Angst, weil du zu viel zu verstecken hast. Vor dir selbst, vor dem Lehrer, vor dem Leben. Hör auf damit und die Angst wird gehen.

ॐ

Angst, verrückt zu werden

Ich habe manchmal Angst, verrückt zu werden.

Diese Angst, verrückt zu werden, hält uns ab davon, wirklich zu *sehen*. Sie hält auch dich ab. Sie hält dich ab, mir wirklich zu folgen. Sie hält dich davon ab, Vertrauen zu entwickeln, in dein eigenes inneres Sehen, in die Führung und in Das- was- ist. Du brauchst keine Angst haben, verrückt zu werden, denn du bist schon verrückt. Die Menschen sind schon verrückt. Verrückt im wahrsten Sinne dessen, was dieser Begriff in der ursprünglichen Weisheit seiner Bedeutung mitteilen möchte. Es handelt sich um eine Verrückung der Aufmerksamkeit, eine Verrückung der Perspektive, eine Verrückung des Ortes, von dem aus wahrgenommen wird. So bist du unfähig, das zu sehen, *was ist.* Und weil sich dieser Standpunkt verrückt hat, ist eine Teilung geschehen, eine Dualität zwischen Sehendem und Gesehenem, und das Sehen richtet sich nach außen. Aber du siehst nicht mehr Das-was-sieht. Deine Aufmerksamkeit ist ver-rückt (ge)worden. Und jetzt geht es darum, das zurecht zu rücken. Und es ist dein Herz, das die Sehnsucht in sich trägt, wieder in die Mitte einzukehren. Die Mitte ist nicht nur ein Symbol, es gibt sie tatsächlich. Es gibt die Mitte des Menschen, es gibt deine innere Mitte. Die Mitte ist der Ort, der alles wieder zurechtrückt. Du bist verrückt von deiner Mitte und das, was deine Mitte ist, ist nicht die Mitte deines Ichs, es ist die Mitte allen Daseins. Und diese Mitte ist in diesem einen Augenblick hier und jetzt anwesend. Wenn du die Mitte verlässt, bekommst du Angst. Alles, was du lernen musst, ist, die Mitte nicht zu verlassen.

ॐ

Die Angst, alles zu verlieren

Mir kommt es vor, wie wenn ich alles verliere und ich nackt dastehe. Und da hab ich Angst davor.

Wenn du nichts mehr zu verlieren hast, dann bist du frei. Solange du noch etwas zu verlieren hast, kannst du nicht frei sein.
Die meisten Menschen in einer materiell ausgerichteten Gesellschaft, die ja einen materialistischen Geist widerspiegelt, sind nicht glücklich, weil sie zuviel zu verlieren haben. Und diese Angst, alles zu verlieren, ist ohnehin eine kindliche Verleugnung des Todes und des Wesens der Vergänglichkeit. Diese Angst, alles zu verlieren, wird bei den Menschen der materialistischen Gesellschaft sehr stark auf Geld und auf materielle Habe projiziert. Dann sitzen sie auf ihrem Hab und Gut wie eine Henne auf dem Ei, und je mehr sie haben, desto größer wird die Angst, es zu verlieren. Was auch immer wir tun in der vergänglichen Welt, was auch immer wir aufbauen, es muss im Bewusstsein der Vergänglichkeit geschehen und des Todes, und das heißt im Bewusstsein dessen, dass es eigentlich nichts zu verlieren gibt. Aber dieses Bewusstsein wiederum kann ich nur dadurch erlangen, dass ich jederzeit bereit bin, alles zu verlieren. Das heißt, wenn etwas ins Leben gerufen wird, wenn etwas durch einen Geburtsprozess geht, dann hast du selbst während des schöpferischen Geburtsprozesses ein Bewusstsein des Todes. Das scheint paradox zu sein und entspricht nicht dem Bewusstseinstand eines normalen Menschen. Wenn er einen Geburtsprozess erlebt, dann glaubt er, vom Tod unendlich weit entfernt zu sein, dann glaubt er sich in einer relativen Sicherheit gegenüber dem Tod aufzuhalten und bemerkt nicht, dass seine Angst, zu verlieren, ihn eigentlich beherrscht. Dies ist eine Erklärung dafür, warum Menschen so viel produzieren, zwanghaft immer neues produzieren: Sie leiten zwanghaft Geburtsprozesse ein, um dem Tod fern zu sein,

um ihn auf Distanz zu halten. Überproduktion ist ein globales Thema der Weltwirtschaft, es ist ebenso ein globales Thema des denkenden Geistes; ich habe es in anderen Zusammenhängen „geistige Umweltverschmutzung" genannt.
Die äußere, wie auch die innere Welt ist vergänglich, und wenn wir das nicht zutiefst anerkennen und respektieren, dann haften wir weiterhin an der Angst, alles zu verlieren. Du verschließt immer noch die Augen vor der letzten Konsequenz der Vergänglichkeit, und das führt dazu, dass du festhalten musst, gezwungen bist, festzuhalten an der Angst vor Verlust. Es mag Materie betreffen, es mag Menschen betreffen, es mag Selbstbilder betreffen, es mag emotionale Zustände betreffen, es mag alles Mögliche betreffen. Letztlich dein Ich. Hast du Angst, dein Ich zu verlieren? Vielleicht ist das das Beste, was dir geschehen kann.

ॐ

Angst, ein Ort des Nicht-Seins

Ich möchte Dich fragen, ob Du was darüber sagen kannst, was für eine Beziehung zwischen Angst und Liebe besteht.

Angst, das, was wir Angst nennen, ist ein erkalteter Ort des Menschseins. Ein erkalteter Ort der Unerkenntnis, der Unlebendigkeit, ein Ort des Nichtseins, des Nichtsehens, des Nichtöffnens, ein Ort der verschlossenen Augen, ein Ort des Verschweigens, ein Ort des Versehens, des Verhörens, ein Unort, ein nicht existierender Punkt auf der Landkarte des Seins, auf den sich niemand gewagt hat. Es sind weiße, ausgelöschte Orte auf der inneren Landkarte, die angstbesetzt sind. Orte, besetzt von einer Kraft, die wir Angst nennen. Und es scheint so, dass diese Kraft die Liebe verdrängt. Es sind Orte des Nichtlebens, und an einem Ort des Nichtlebens kann es auch kein Erkennen, kein Sehen, kein Fühlen von Liebe geben. Wenn du es so sehen kannst, dann erkennst du auch die Möglichkeit, diese Orte für dich neu zu entdecken, um unterscheiden zu können, ob dieser mythenbesetzte Ort wirklich das ist, was die Ausläufer der Angst in die Welt getragen haben. Den Ort der Angst selbst kennen die Menschen nicht. Sie kennen nur das Hörensagen, die Gerüchte über diese Orte, und die Welt ist voll von Gerüchten über die Orte der Angst.

Das hört sich so an, als müsste man gar keine Angst haben, größtenteils.

Ja, vor was muss man Angst haben? Muss man Angst vor der Wahrheit haben? Muss man Angst haben vor dem Tod, vor der Leere, vor der Nichtexistenz, vor der Auslöschung? Muss man Angst haben vor der vollkommenen und totalen Veränderung von allem? Muss man Angst haben vor dem Verrücktsein? Muss man Angst haben vor der Wahrheit des Selbst? Muss man Angst haben vor der Angst? Gibt es überhaupt Angst? Man kann sehr weit gehen, wenn man die Intelligenz aufbringt, radikal zu forschen. Diese Form der Erforschung stellt alles in Frage, was du kennst. Auch das Konzept von Angst.

ॐ

Es gibt keine Angst ohne Angst vor der Angst

Etwas kommt auf mich zu, eine Geschichte, die macht mir Angst, weil da alte Erfahrungen in ähnlicher Weise vorliegen. Prompt wird das in die Zukunft projiziert, weil ich das nicht will, ich will das nicht noch mal – und jetzt ist die Angst da.

Angst selbst berührt die Wirklichkeit nicht. Sie ist ein in sich geschlossenen System. Eine Seifenblase, in der du dich befindest. Rationales Verstehen kann sie nicht zum Platzen bringen. Das einzige, was dich aus diesem Kreis von Illusionen heraus führen kann, ist eine nackte Erfahrung, eine Erfahrung, die in reinem Sein geschieht. Im *no-mind*. Normalerweise ist jeder Mensch einen Teil seiner Zeit damit beschäftigt, vor irgendwas wegzulaufen. Das ist es, was aufgegeben wird, und diese Angst, die Nacktheit dieser Angst ist es, die dich befreien wird von der Angst. Das heißt, es gibt keine Angst ohne Angst vor der Angst. Angst existiert nur so lange, wie es Angst vor der Angst gibt. Jetzt kommt der mutige Ich-Geist daher, und der Held spricht: „Ich habe keine Angst mehr vor der Angst, ich werde jetzt gegen sie vorgehen." Und wieder bist du gefangen. Erst bist du zurückgewichen vor der Angst, jetzt gehst du gegen die Angst an. Das wird dich nicht von der Angst befreien. Was auch immer du tust, du sitzt in der Angstfalle. Jedes innere Tun, jede kleinste Regung gegenüber der Angst – ganz gleich in welche Richtung – lässt dich in die Angstfalle tappen. Nicht-Tun gegenüber der Angst lässt die Bedrohung im ersten Moment unendlich groß werden. Halte das aus und vertraue mir. Dir geschieht nichts. Lass sie über dich hereinbrechen und verweile in Stille. Angst geht. Stille bleibt.

Bedingungslose Akzeptanz aller Möglichkeiten

Ein Mann schrieb in seinem Brief, in dem Moment, wo er die Nachricht eines Prostata-Karzinoms bekam, war er besessen von Angst, das waren seine Worte, besessen von Angst.

Die meisten sind, ob sie es bemerken oder nicht, in der Tiefe besessen von Angst. Besessen sind wir jedoch nur von Kräften, denen wir uns verweigert haben, denen wir uns nicht hingegeben haben. Wir sind durchaus bereit, uns bestimmten Menschen, Dingen, Kräften, Ereignissen hinzugeben. Aber wir haben meistens Bedingungen, die sich in selektiver Hingabe äußern. Wir sind bereit, uns *dem* hinzugeben, aber nicht *jenem*. Diese Bedingungen sind es, die die Angst am Leben erhalten und mit denen wir es vermeiden, der Angst wirklich zu begegnen.

Wir haben immer Angst vor dem, was wir in Wirklichkeit nicht akzeptieren. Es kann so erleichternd und entspannend sein, in Akzeptanz aller Möglichkeiten in jedem Moment dem Leben offen zu begegnen, in dieser offenen Weite. Nehmen wir an, in uns taucht die Angst auf davor, den Partner zu verlieren. Das bedeutet, wir akzeptieren diese Möglichkeit nicht. Wir haben einfach keine Akzeptanz gegenüber dieser Möglichkeit, die eine derjenigen Möglichkeiten ist, welche der Ablauf in der Totalität zeigen kann. Dieser Ablauf verfolgt einen intelligenten Plan. Glaubst du allen Ernstes daran, dass dieser Ablauf unintelligent ist? Oder dass du intelligenter bist, als dieser unpersönliche Ablauf? Und es besser weißt? Ohnehin wird es früher oder später der Fall sein, dass dich dein Partner verlässt, oder dass du ihn verlässt, was dasselbe

ist. Es ist und bleibt ein vergängliches Geschehen. Es gibt keine ewige Liebe auf Erden. Ewige Liebe ist jenseits von Erden.
Wenn du jeder, wie auch immer gearteten Möglichkeit in diesem gleichen inneren Respekt begegnest, ohne besondere Vorlieben und Abneigungen, dann tritt eine große Entspannung deines Geistes ein. Dann ist Frieden.

ॐ

Transformation von Angst

Ich habe eine Frage zur Angst. Du hast ja gesagt, dass Angst mit Distanz zu tun hat, wenn ich Dich richtig verstanden habe, und andererseits ist Angst auch Energie, und das ist für mich widersprüchlich. Und kannst Du auch zur Transformation von Angst sprechen?

Du hast also viel Angst?

Ja.

Und du hast Angst, dass, wenn du loslässt, dich diese Angst überschwemmt.

Ja.

Das heißt, genaugenommen hast du keine Angst, sondern kontrollierte Angst. Ist das richtig?

Weiß ich nicht. Also, kontrolliert ist es bestimmt …

Na ja, wenn du Angst hast, dass es dich überschwemmt, wenn du loslässt, dann könnte man den einfachen Rückschluss ziehen, dass du kontrollierte Angst hast. Um freiwillig alles aufzugeben, braucht es von dir dein Herz, deine Hingabe, dein Vertrauen, deine Liebe. Alles eben. Ist das zu viel?

Nein.

Dann gib alles. Wenn du alles gibst, wird dir alles gegeben. Angst ist eines der großen Geheimnisse des Bewusstseins, des menschlichen Bewusstseins, und es gibt kaum einen Menschen, der dieses Rätsel gelöst hat. Was offensichtlich daran liegt, dass die Lösung des Rätsels Angst eigentlich dem Tod gleichkommt. Ich meine, wenn ich der Angst so nahe komme, dass es nichts mehr gibt zwischen mir und ihr, also wenn ich Angst *bin*, dann ist das der Tod. Nur, was für ein Tod ist das? Ist das der Tod des Seins? Ist es der Tod des Bewusstseins oder der Tod deiner Existenz? Oder was für ein Tod ist das? Leider können wir auch diese Frage nicht intellektuell beantworten. Wir können es also gleich wieder vergessen. Es macht keinen Sinn. Wir können uns dieser Angelegenheit nur vollständig, ganz und mit jeder Zelle unseres Wesens annähern. Das heißt auch hier wieder alles, und nicht weniger als alles. Gib alles und du bekommst alles. Halte zurück, du bekommst nicht alles. Wenn die Sehnsucht nach Freiheit eine Dimension erreicht hat, die ich als unermesslich bezeichnen würde, erst dann ist ein Mensch bereit, tiefer zu gehen als die Angst. Denn Angst ist jene Kraft, die den Menschen auf das begrenzt, für das er sich hält. Sie ist verwickelt in jede Form menschlichen Leidens. Es gibt kein menschliches

Leiden ohne das Grundkonzept und das Grundgefühl von Angst.
In dem Augenblick des Sündenfalls ist Angst die zwangsläufige Folge. Denn in dem Augenblick, in dem aus Eins Zwei werden, wird das Eine Angst vor dem Zweiten haben. Weil das Zweite das Andere ist, nicht mehr Ich. Es ist das Ich-Fremde. Das Nicht-Ich. Wer Ich ist und wer der Andere ist, das ist ja eine große Verwirrung in den meisten Menschen, in deren Geist eine tiefe Verwechslung zwischen Ich und Nicht-Ich herrscht. Deswegen haben sie keine Angst vor Dingen, vor denen sie eigentlich Angst haben müssten, und Angst vor Dingen, vor denen sie eigentlich keine Angst haben müssten. So zum Beispiel Angst vor Erleuchtung oder Angst vor einem realisierten Meister, Angst vor der Liebe, oder Angst vor dem Tod. Eigentlich müssten sie vor ganz anderen Dingen Angst haben. Sie müssten Angst haben vor ihrer Ignoranz, vor ihrer Eitelkeit, oder ihrer Arroganz. Davor sollten sie Angst haben, aber nicht vor Erleuchtung oder vor Wahrheit. Wer hat davor Angst? Doch nur jemand, der etwas Anderes will als das. Dass derjenige, der irgendeine Form von Lüge, von Verblendung, von Täuschung aufrecht erhalten will, dass der Angst hat vor der Wahrheit, das ist verständlich. Aber derjenige, dessen tiefste Sehnsucht einzig die Auflösung in Wahrheit ist, der hat mit Sicherheit keine Angst vor Wahrheit, denn da will er ja hin. Das ist genau das, wonach er sich am tiefsten sehnt. Wenn alles bedingungslos in das EINE strebt, dann gibt es eigentlich auch keine Angst mehr. Dann findet die Transformation von Angst statt. Transformation von Angst geschieht, wenn all diese Splitter, in die du dich aufgeteilt hast, zurück in das EINE streben und aus Vielen Wenige

werden und aus Wenigen EINS wird. EINS nicht nur in deinem Bewusstsein über dich selbst, sondern EINS auch in dem Streben, wo ES in dir hinstrebt. Angst müssen wir haben, wenn Einer in uns Gewalt ausübt und ein Anderer Opfer dieser Gewalt wird. Das sind zwei. Das ist nicht Einer. Das ist nicht eine einheitliche Richtung, nicht ein einheitliches Streben, nicht eine einheitliche Hinwendung, keine Sammlung, sondern Zersplitterung. Zersplitterung gibt es nur so lange, wie du in deinem zersplitterten Denken nicht bereit bist, Teile dieser inneren Welt des Bewusstseins genau anzuschauen. Solange du nicht bereit bist, bestimmte Teile, Welten, Sphären wirklich zu nehmen, gleichgültig, ob es dir unangenehm oder angenehm ist, gleichgültig, ob es dir bequem oder unbequem ist, gleichgültig, ob es feurig oder wässrig ist, hoch oder niedrig, stark, oder schwach. Solange du durch diese Haltung innerer Ablehnung grundsätzlich das Wesen von Zersplitterung förderst, kann es keine Sammlung geben, keine Verschmelzung, keine Vereinigung. Und solange es keine vollständige Vereinigung gibt, bist du gezwungen, in Angst zu leben. Denn das Eine, welches das Andere nicht als Ich erkennt, hat zwangsläufig potentiell Angst vor dem Anderen. Das lässt sich intellektuell durch positives Denken nur vorübergehend beherrschen. Es ist eine zwangsläufige Folge, und es gibt nichts, was das ändern kann, außer die Vereinigung selbst. Du weißt, ich spreche nicht von irgendeiner partiellen Vereinigung. Ich spreche tatsächlich von der Vereinigung von Tag und Nacht, von Licht und Dunkel, ja sogar von Gut und Böse. Schau hin, was für eine zersplitterte Welt du geschaffen hast. All diese Splitter, die du nicht haben wolltest, von denen du nichts mehr wissen wolltest, weil sie deinem Idealbild deiner selbst nicht entsprechen, all das bedroht dich jetzt, und davor hast du Angst. Du hast Angst zu sterben. Wir können die Angst vor dem Tod nicht quantitativ bemessen, indem wir eine innere Intensitätsskala bedrohlicher Situationen entwerfen. Manchmal gibt es ganz kleine Bedrohungen aus scheinbar nichtigen Anlässen, welche Todesangst verursachen, während wir unter Umständen in real bedrohlichen Situationen keine Angst verspüren. Die Todesangst des Ichs ist von der Realität entkoppelt. Das Absurde ist tatsächlich, dass Angst im Tiefsten die Folge des ersten Dualismus ist, in dem aus Eins Zwei werden und in der Folge dann die Reaktion auf deine Zersplitterung, die du erzeugst, auslebst und die du zulässt. Wir werden immer vor dem in Angst versetzt, was wir abgelehnt haben. Wenn es so etwas wie eine quantitative Bemessung von Angst gibt, dann höchstens in Zusammenhang mit der Menge an abgelehnten Welten, Wirkkräften, Seinsformen. Wer viel Angst hat, muss eine ganze Menge abgelehnt haben. Der integrale Weg lehrt dich, alles wieder in Empfang zu nehmen, so dass es sich wieder zu ICH vereinigen kann. Wo ICH ist, da gibt es keine Angst mehr.

ॐ

Die Angst einladen

Ich sitze hier und die nackte Angst packt mich. Es ist gar nicht mehr so nett hier, ich komme mir vor wie auf dem Scheiterhaufen, mir ist heiß und die Angst sitzt mir wieder im Nacken. Ich habe die Angst eingeladen, und ich merke, ich muss sie immer wieder einladen, es ist einfach so. Die sitzt schon wieder da.

Du sagst, du hast die Angst eingeladen, und ich sage dir, du hast sie noch nicht vollkommen eingeladen. Du weichst ihr immer noch aus. Nicht mehr so stark, aber immer noch. Wenn wir Angst wirklich erkennen wollen, dann müssen wir uns dieser Angst hingeben, um zu erkennen, wer oder was diese Angst wirklich ist, denn sonst sitzt sie uns im Nacken. Und sie sitzt dir deshalb im Nacken, weil du dich ihr noch nicht vollkommen hingegeben hast. Einladen heißt nicht, „ich lade die Angst ein", einladen heißt, „ich und die Angst sind eins". Zwischen uns gibt es nichts, gar nichts, keine Distanz, keinen Sicherheitsabstand, keinen Ich- Gedanken. Denn solange du Gedanken zwischen dich und die Angst lässt, solange du Bilder und Vorstellungen zwischen dich und die Angst lässt, hast du sie nicht eingeladen. Wenn du einen Gast nur bis zu deinem Gartenzaun einlädst, dann hast du ihn noch nicht wirklich eingeladen. Wenn du ihn auf deiner Eingangstreppe sitzen lässt, durfte er zwar schon etwas näher kommen, aber von einer wirklichen Einladung würde ich auch hier nicht sprechen wollen. Wie würdest du dich als eingeladener Gast fühlen, wenn du auf der Eingangstreppe bei geschlossener Tür sitzen gelassen wirst? Eine wirkliche Einladung sprichst du aus mit dem Satz: „Meine Tür steht dir offen." Wenn Angst dann durch die Türe tritt, kann Hingabe geschehen. Wenn du dich ihr hingibst, dann wird die Shakti frei, und dann fällst du tiefer in dich selbst, nicht weil die Angst weg ist, sondern weil sie *hier* ist. *Hier* wo ich bin. Denn wir glauben immer noch, dass wir Frieden finden, wenn die Angst weg ist. Das Gegenteil ist der Fall. Wir finden nur Frieden, wenn sie *hier* ist. Die Angst ist *hier* und ich bin *hier.* Das ist nackte Angst und nacktes Ich. Das ist „Sein mit Angst in Liebe". Denn Angst ist

im gewöhnlichen Menschen die Abwesenheit von Liebe. Angst ist das Versteck in der Opferhaltung, und es scheint ziemlich lange ein gutes Versteck zu sein.
Wenn du bereit bist für nackte Angst, dann bist du auch bereit für die Zerstörung des Leidens, der Oberflächlichkeit, der Falschheit an der Oberfläche und all der Netze von Gedanken, die an dieser Angst haften. Lass das alles gehen. Sei bereit für das Ende, *jetzt*. Und wenn der Schlamm aufgewirbelt wird, lass ihn da sein, entspanne dich in das hinein, hör auf, damit irgendwas zu tun, sei einfach nur du selbst. Lade es ein und wisse in der Tiefe deines Herzens, das es das, was DU BIST, nicht wirklich auslöschen kann, nicht wirklich vernichten kann, denn du SELBST bist unauslöschbar. Ewiges Sein, Bewusstsein und Leere. DAS was bleibt, wenn das, was falsch ist, zurückgelassen wird. Und das erkennst du, wenn du aufhörst zurückzuschrecken vor dem, vor dem du immer zurückgeschreckt bist. Vor der Schlange, die ein Tau ist.

ॐ

Angst erforschen

Also ich fühle mich oftmals so lauwarm, und das ist so dieses Warten. Ja, da ist eine Angst vor wahnsinniger Hitze oder vor Erfrieren, und deswegen lauwarm. Irgendwo in der Mitte sein, dort wo es nicht gefährlich ist.

Wenn du von Angst sprichst – da ist der Ansatz für die Selbsterforschung. Wenn Angst dich lauwarm sein lässt, dann richte die Aufmerksamkeit auf die Angst und komm der Angst näher. Die meisten sind zu weit weg von der

Angst. Ein großes Hindernis. Wir müssen der Angst sehr, sehr nahe kommen, sehr nahe. So nahe, bis wir nicht mehr Angst *haben*, sondern Angst *sind*. Ja, es kostet Mut. Mehr als Mut. Es kostet dich alles. Angst zu haben reicht nicht.

ॐ

Verbundenheit mit Angst

Wenn ich am Abend herkomme, ist zuerst ein tiefes Gefühl von Erfüllung und Verbundenheit, und dann kommt die Angst.

Und wie kann es sein, dass Angst dieses Gefühl von Erfüllung und Verbundenheit zerstört? Es kommt, weil du die Verbundenheit mit der Angst selbst nicht eingehst. Der Vorgang von Trennung, den wir immer wieder erleben, ist ein aktiver Vorgang in deinem Geist. Es ist also nicht die Angst, die aktiv wird, sondern *du*, der aktiv wird. Wenn du eins bist mit der Angst, wenn du verbunden bist mit der Angst, kann die Angst nicht dein inneres Gefühl von Verbundenheit und Erfüllung zerstören. Nichts, mit dem du verbunden bist, könnte dein Grundgefühl von Verbundenheit und Erfüllung zerstören. Die Zerstörung geschieht durch deine Abtrennung davon. Siehst du das? Angst ist wahrlich nichts, womit wir gerne eine innere Verbindung eingehen möchten. Wir haben nicht gelernt, uns zu verbinden, ich meine mit allem, was Bewusstsein hervorbringt, weil es Dinge gibt – und Angst gehört dazu – die vermeintlich existenzgefährdend sein könnten, wenn wir uns damit wirklich verbinden würden. Das ist die Vorstellung dieses Ichs, weshalb Menschen vermeiden, diese Verbindung vollständig einzugehen. Vielleicht glauben sie, sie werden dann verrückt, sie versinken in Chaos. „Diese Angst wird so groß, dass ich es nicht mehr aushalten kann." Das sind die Vorstellungen, aber nicht die Erfahrungen. Was du sehen kannst, ist, wie deine natürliche Grunderfahrung von Erfüllung und Verbundenheit zerstört wird durch etwas, das in dir auftaucht. Wir nennen es Angst. Und was du eben nicht erkanntest, ist, dass du dich in Wirklichkeit weigerst, damit eine Verbindung einzugehen, und wenn du dich weigerst, eine Verbindung einzugehen, kann deine Erfahrung auch nicht mehr das Gefühl von Erfüllung und Verbindung sein. Wie sollte sie auch?

Es ist so, als würde sich dort das Gefühl von Verbindung einengen auf meine Angst.

Angst ist ein Gefühl, das an der Oberfläche sehr eng ist, doch wenn du damit im Kern verbunden bist, wenn du eins bist damit, ist Angst nicht eng, es ist nur die Peripherie, die sich zusammen zieht. Die Verkrampfung ist deine Verkrampfung gegenüber der Angst. Diese Beziehung zur Angst spiegelt die Beziehung zu allem; die grundlegende Verkrampfung zum Leben, die grundsätzliche Enge zum Leben. Denn es ist nicht das Leben, das eng ist, genauso wenig wie es die Angst ist, die eng ist. Es ist deine Haltung dazu, die eng ist, deine verkrampfte Haltung, die eng werden lässt. Und der Geist versteht im ersten Moment nicht, weil es absurd ist, wenn ich sage: Verbinde dich mit dem, was dich bedroht, verbinde dich mit dem, was deine Existenz zu gefährden scheint, verbinde dich mit den Feinden, mit den feindlichen Kräften in dir, die deine Existenz gefährden könnten. Das heißt, meine Empfehlung scheint deshalb schwer zu befolgen, weil sie gegen deinen Überlebenstrieb geht, weil sie gegen den Überlebenstrieb eines jeden Menschen geht, denn ich sage nichts anderes als: Verbinde dich mit dem Tod und erkenne das Leben und *sei* das Leben, indem du dich mit den tödlichen Kräften verbindest, mit den Kräften, die dir das Leben nehmen, die dir die Luft abschnüren – und Angst ist nur eine davon. Verbinde dich mit den Kräften, gegen die du kämpfst, bei vollständiger Bewusstheit. In diesem Vorgang geschieht Selbsterforschung, denn es ist kein blindes, undifferenziertes Annehmen, sondern es ist eine bewusste Erforschung des Wesens von etwas, das überhaupt erst erkannt werden kann, wenn du damit verbunden bist. Das ist so als würde ich dir empfehlen, mitten in die Hölle zu gehen, durch die Hitze innerer Hölle, um dann zu erkennen, dass die Hölle nicht die Hölle ist, sondern dass die eigentliche Hölle der Versuch ist, der Hölle zu entkommen. Das ist die Hölle, und das ist leider das, was die meisten Menschen als ihr Leben bezeichnen. Also, wenn du Angst hast, in diesem Moment, kannst du trotzdem mit Angst in Verbundenheit und Erfüllung sein.

ॐ

Liebe und Angst

Gestern führten mich Deine Worte in die Tiefe, wo ich fühlte, dass dort ein Glaube an die Vernichtung ist. Und plötzlich kam Angst, nackte Angst.

Ja, dieser Glaube an die Vernichtung … Jedes Ich hat in der Tiefe den Glauben an die Vernichtung, an die

Auslöschung. Und wenn du aus dieser Tiefe diese Vernichtungsangst erfährst, was bleibt dir, außer ihr zu begegnen? In Liebe und Präsenz, die selber weiß, dass du nicht vernichtet wirst, dass deine Existenz nicht vernichtet wird? Das Bewusstsein, dass du BIST, kann nicht vernichtet werden. Alles, was vernichtet werden kann, ist das persönliche Leiden. In den Weisheitslehren ist die Übersetzung von ‚persönlicher Existenz' *persönliches Leiden*. Und dennoch gibt es eine immense Angst, vor der wir meistens ins Denken flüchten. Und dort nimmt sie erst recht monströse Formen an.

Dort wo Angst ist, hast du die Liebe ausgeschlossen. Was ist, wenn du die Liebe auch dort nicht mehr ausschließt? Dann umfasst sie die Angst. Und dann ist Angst in dieser Liebe und nicht mehr ein verengter innerer Ort, an dem Liebe keinen Platz hat.

ॐ

Fließen mit Angst

Ich bin den ganzen Tag mit dem Gefühl, was ich als Angst bezeichne, zusammen gewesen. Das ist eine unglaubliche Intensität in mir von einer Vibration und einem Herzrasen. Und ich habe gemerkt, wenn ich an dieses Gefühl, was da ist, Gedanken von Bedrohung oder eine Geschichte knüpfen möchte, dann kontrahiert es in mir und es wird eng. Und wenn es mir aber dann gelingt, keine Gedanken daran zu binden und dieses intensive Gefühl zuzulassen, dann habe ich gespürt, wie das Herz ganz weit wird, und ich habe das dann gar nicht mehr als Angst bezeichnen können, sondern es war einfach diese Lebendigkeit. Und das ist, was ich dich fragen möchte: Ist das so? Kann man sagen, das ist einfach nur Lebendigkeit, dieses Vibrieren und das starke Herzklopfen?

Wir glauben an die Konstanz gewisser Phänomene. In Wirklichkeit gibt es keine konstanten Phänomene, es gibt nur Prozesse. Ein innerer Prozess besteht aus Schichten. Schichten sind Wandlungsniveaus, die sich in die Höhe oder in die Tiefe schrauben. Heilung ist in beiden Richtungen möglich. Nur die Stagnation ist das eigentliche Unheil. Sie vermittelt schädliche und falsche Konstanz. So ist auch Angst kein feststehendes Phänomen, obwohl es so auftritt. Die sogenannte „Angstfixierung" in den Lehren des Enneagramms legt davon Zeugnis ab. In Wirklichkeit handelt es sich bei Angst um einen Prozess. Und das, was du bisher als Angst bezeichnet hast, kann in einem höheren Stadium der energetischen Entfaltung nicht mehr Angst genannt werden.
Alles fließt, alles wandelt sich, es gibt nichts Feststehendes. Wir glauben nicht nur an fest stehende innere Phänomene, wir glauben auch an ein fest stehendes, ein konstantes Ich. Und allein die Vorstellung macht uns Angst, dass alles fließt, dass nichts fest steht, und dass es möglicherweise nicht einmal ein fest stehendes Ich gibt. Gewöhne dich an das Fließen. Mit Angst. Ich sage nicht, habe Angst und gewöhne dich an das Fließen, ich sage, lass die Angst mitfließen. Ich sage nicht, stell dich in einen Elfenbeinturm und beobachte den Strom, wie er vorbeifließt, ich sage, spring mitten rein. Dass alles fließt, ist eine Anschauung, die aus der Perspektive objektiven Sehens entspringt. Es gibt tatsächlich eine Perspektive, die durch einen Menschen möglich ist, die nicht mehr von Persönlichkeit, nicht mehr von persönlicher Geschichte eingefärbt ist. Es gibt das reine

Sehen Dessen-was-ist. Darin stellt sich das Wesen der Realität auf eine bestimmte Weise dar. Dass alles fließt, ist somit nicht einfach eine beliebige Anschauung, eine zufällige oder theoretische, es ist einfach nur die Beschreibung aus der Sicht objektiver Realität Dessen-was-ist. Es gibt aber jemand, der versucht, es hinauszuzögern, die Kontrolle zu behalten, der will ein Fels in der Brandung sein. Er sucht nach Konstanz. Er sucht nach Verankerung, nach einer materialistischen Vorstellung von Verankerung. Die wahre Verankerung der Seele jedoch ist die Hingabe an das ewige Fließen.

ॐ

Befreiung aus dem Würgegriff der Angst

Du sprichst von Fallenlassen und Loslassen aller Bindungen, und ich merke im Moment immer mehr, dass ich ein starkes Bedürfnis habe danach, mich zurückzuziehen und einfach in die Stille zu gehen. Ich mache das auch und merke, ich komme an einen bestimmten Punkt, als ob ich da reinfalle, und dann kommt ein Würgegriff, der mir den Hals zudrückt, und dann schrecke ich auf und bin dann praktisch wieder raus aus dieser Situation und merke, irgendwas will ich da zurückhalten.

Du hast einfach Angst!

Ja, das habe ich.

Du musst in diesem Moment einfach nur erkennen, dass du Angst hast, das ist alles. Es gibt keine Notwendigkeit für weitere Interpretationen. Sieh dieser Angst ins Auge und fühle sie, anstatt dich in den Geschichten zu verlieren, in den Bildern, die der Geist in sie hineinprojiziert. Die Bilder sind nicht wichtig. Die Gedanken sind nicht wichtig. Wichtig ist nur das Gefühl der Angst selbst. Fühle das, damit bist du still. Die Paranoia, der Verfolgungswahn, was auch immer im denkenden Geist noch ausgelöst wird, ist unwesentlich. Schenke dem keine Aufmerksamkeit. Die Dinge werden nur machtvoll in dir, wenn du ihnen Aufmerksamkeit schenkst. Lass die Dinge einfach so, wie sie sind. Aber erkenne, dass es nicht die Bilder und die Ideen sind, die jetzt auftauchen, die wichtig sind, sondern nur das Fühlen der Angst selbst. Das ist der Weg.

Der Würgegriff ist nur eine Funktion der Angst, die dazu neigt, dich innerlich zu kontrahieren. Anstatt mit dem Griff zu sein, sei mit der Angst selbst. Du hast es nicht gelernt, mit der Angst zu sein. Dein Geist kann nicht genau verstehen, was das heißt. Aber dein Herz versteht das. Es ist sehr einfach und sehr direkt. Direkter als deine Filterungen, die du bisher gewohnt bist, die Filterungen über Verfolgungsbilder, über Kriegsbilder, Zerstörungsbilder, Verfolgungswahn. All diese Ideen, die auftauchen, machen uns hysterisch, nervös, krank, aber nur, weil wir dem die Aufmerksamkeit geben, statt die Angst zu fühlen und uns in dieser einen inneren tiefen Beziehung tiefer führen zu lassen. Der innere Weg mit Angst geht immer und ausschließlich über das Fühlen. Alles andere ist unwesentlich.

Was ist denn dann Angst?

Das ist eine wirklich gute Frage! Das musst du herausfinden. Wenn du aufhörst, dich nur der Oberfläche, der Bilder und Gedanken zu widmen und dort immer in flüchtiger Bewegung, in innerer Hektik, in Nervosität zu sein, sondern vielmehr nach innen tiefer forschst, was es ist, was für ein Gefühl es ist, was all dem Ausdruck verleiht, findest du die Antwort. Es ist immer die Frage, wo deine Aufmerksamkeit ist. Wie ich schon sagte: der erfahrene innere Würgegriff ist nicht die Angst selbst, sondern nur eine Funktion der Angst, nur eine ihrer Wirkweisen, und natürlich vergisst du, dass das nicht real ist, weil es dir scheinbar so nahe und im wahrsten Sinne des Wortes an den Kragen geht. Wenn du im Kino sitzt und einen Horrorfilm siehst, dann hast du manchmal schon das Gefühl, wenn es dir sehr nahe kommt, dass es dir an den Kragen geht, und du bekommst Angst. Und jetzt gibt es einen Film, der scheint noch näher dran zu sein, weil dieser Film im Unterschied zum Kinofilm dreidimensional ist, und weil du vollkommen identifiziert bist mit Teilen aus diesem Film, nämlich dem Körper. Deswegen glaubst du, es geht dir an den Kragen, und von dieser Unwissenheit kannst du dich nur befreien, wenn du die Nähe zur Wahrheit suchst, in Selbsterforschung bleibst und aufhörst, feige vor den Begegnungen davonzulaufen.

ॐ

Angst ist nur der Name

Das ist mir gerade ganz spontan gekommen, dass ich mich fragte: Wie kann es sein, dass ich immer solche Angst habe vor dem Hiersein, wo es offensichtlich überhaupt nicht bedrohlich ist, wenn ich dann hier bin.

Ich mache dir einen Vorschlag, eine neue Erfahrung zu machen: Wenn du Angst hast, dann erfahre das, ohne es als Angst zu benennen. Du weißt gar nicht, was Angst ist. Du kennst den Begriff Angst, und ich brauche nur einmal den Begriff Angst zu sagen, schon ist bei 120 Menschen im Raum hier in ihrem Unterbewusstsein etwas in Vibration geraten. Vielleicht wissen wir noch, wovor wir Angst haben, aber was wir mit Sicherheit nicht wissen und was die wenigsten herausgefunden haben ist, was Angst überhaupt ist.

In dem Augenblick, in dem das in dir aufsteigt, was du immer Angst genannt hast, solltest du nicht glauben, dass du irgendeine Ahnung davon hast, was das ist. Es ist nur das, was du darüber gelernt hast, was es ist, und das ist eine Ansammlung von Konzepten der Vergangenheit, vermischt mit festgehaltenen Erfahrungen, die auch zu Konzepten verkommen sind. In diesem Körper mag es blockierte *shakti* geben, aber um die kümmerst du dich nicht, auch das ist nicht die Angst selbst. Sie mag zwar im Körper einiges ausgelöst haben, zu Dysfunktionen geführt haben, aber es ist nicht die Angst. Die Angst sitzt nicht im Körper, sie sitzt in einem unbekannten Zwischenraum zwischen dem Geist und dem Körper, und wir können sie nicht sehen, wir wissen nicht, wo sie genau sitzt, wir wissen nicht, was es ist. Wie können wir es herausfinden?

Erforsche Angst so, als hättest du Angst nie gesehen, nie gehört, nie gewusst. Erforsche Angst so, als hättest du noch nie im Leben irgendetwas gewusst darüber, was das wirklich ist. Du weißt eine Menge über das System Angst, das Konzept Angst, aber du weißt nichts über die Angst selbst. Und genau diese tiefgreifende Verwechslung widerfährt den Menschen in allem. Sie halten das Konzept über Das-was-ist für Das-was-ist.

Du musst wissen, dass alles, was du gelernt hast, auch über Angst, Geschichte ist. Und nur, wenn du in diesen Augenblick schaust und jeden fernen Augenblick zurücklässt, vollständig – *jetzt* – bist du nicht mehr in der Geschichte, sondern zum ersten Mal berührst du die Realität. Das bedeutet noch nicht, dass du vollständig in der Realität angekommen bist, aber du berührst sie. Du hast Angst nicht vor der Angst selbst, du hast Angst vor dem, was du gelernt hast über die Angst. Du hast Angst vor dem, was du weißt, was du in Wirklichkeit nicht weißt. Du weißt gar nichts. Du erliegst ständig dieser inneren Traumwelt, und Angst ist eine Traumwelt. Eine Traumwelt, die du bisher nicht durchdringen willst. Du brauchst ernsthafte Bereitschaft, dieses „Ding" zu sehen, und du lässt den Namen weg und schaust, was bleibt, wenn du das, was du Angst nanntest, nicht mehr Angst nennst. Dann schaust du direkt. Schaust in das, wofür Angst nur der Name war.

ॐ

Ent-decke die Angst

Ich habe vor einem Jahr angefangen, mit halluzinogenen Drogen zu experimentieren und dadurch musste ich mich mit meinem Leid auseinandersetzen. Am Anfang hatte ich Erfahrung von tiefer Angst, von Todesangst. Ich weiß nicht mehr, wie ich mit der Angst umgehen soll, ob diese Angst immer noch Teil meines Egos ist, das ich überwinden muss oder kann, um Freiheit zu erlangen, oder ob mir die Angst sagen will, dass es genug ist.

Es gibt einen *natürlichen Zustand,* und auch dir steht dieser Zustand zur Verfügung, so wie jedem Menschen, der vollkommen frei ist von Angst. Doch wie du schon in ähnlichen Worten sagtest: um frei zu werden von etwas, müssen wir es nicht nur akzeptieren, sondern wir müssen überhaupt wissen, was es ist, und du solltest nicht davon ausgehen, dass du weißt, was Angst ist. Du solltest davon ausgehen, dass du nicht weißt, was Angst ist. Du solltest grundlegend davon ausgehen, dass du nicht weißt, was die Dinge sind. Das ist eine Lehre, die häufig für Menschen in deinem Alter schwer zu verstehen ist. Was auch daran liegt, dass diese Lehre in gewisser Weise den Grundsäulen äußerer Bildung widerspricht und widerstrebt. In der Schule, an der Universität oder in anderen Bildungsstätten gibt es selten jemanden, der dich über das Nicht-Wissen lehrt und den Wert des Nicht-Wissens. Der dich lehrt: „Es ist gut, wenn du keine Ahnung hast, worum es geht." Dieser Zustand wird von einer gewissen Entwicklungsstufe des denkenden Geistes, die wir *rational* nennen, immer und zwangsläufig mit Dummheit gleichgesetzt. Das führt dazu, dass wir als Anfänger des Weges noch glauben zu wissen, worum es geht. Wir glauben, die Dinge zu kennen, in Wirklichkeit wissen wir nicht, mit wem wir es zu tun haben. Stell' dir vor, du wüsstest gar nicht, wer oder was Angst ist. Erlaube dir einfach mal diese Möglichkeit, diese innere Tafel mit dem Schwamm leer zu wischen und völlig neu, frisch und unschuldig dem zu begegnen, was du glaubtest zu kennen. Angst hat viele Gesichter, sie ist dein Feind und sie ist auch dein Freund, und was die Freundschaft zur Angst betrifft, so kann ich dir sagen, dass sie eine begrenzende Kraft ist, die das Ausufern und den Größenwahn des denkenden Geistes verhindert. Wir schätzen diese Einengung nicht, niemand schätzt eine einengende Kraft auf den ersten Blick. Erst in zunehmendem innerem Verständnis des Weges stellt sich heraus, dass diese Einengung auch eine natürliche Schutzfunktion innehat. Und dass sie uns vor Ausflügen in vollkommene Selbstüberschätzung, in Größenwahn und in Welten schützt, in denen wir glauben, dass sie frei sind, die aber nicht frei sind. Die vielmehr Welten sind, in denen die Arroganz herrscht. Begegne Angst ganz neu. Alle Angst, die im Bewusstsein des Menschen auftaucht, ist auf die Angst vor dem Tod zurückzuführen. Alle Angst ist letztlich Angst vor dem Tod. Es ist ein Größenwahn zu glauben, dieser Angst allein rational begegnen zu können, sie überhaupt verstehen zu können. Was Angstheilung braucht, ist, dass du lernst, in direkter Aufmerksamkeitshaltung ganz sanft sehr nah an das heranzutreten, was du Angst nanntest. Soweit, bis es dir möglich ist, mit dieser Angst vollständig und bewusst zu verschmelzen. Eins zu werden, das ist kein rationaler Akt. Es sträubt sich in uns, wenn wir die Anleitung bekommen, Eins zu werden mit dem, was uns bedroht. Wenn Angst auch dein Freund ist, dann ist sie nicht nur bedrohlich. Sie ist ein innerer Führer, der dir etwas zeigen möchte. Dennoch weiß ich und wissen alle, die den Weg zu Ende gegangen sind, dass diese Verschmelzung mit dem, was wir Angst nannten, ja, dass das der Tod ist. Und dieser Tod ist das Ende von Geschichte, von Ich, von Ignoranz, von Illusion und Leiden. Finde also das Vertrauen, dich anzunähern, ohne den Versuch zu machen, sie zu verstehen. Es ist nicht möglich. Je tiefer wir vordringen in das Wesen der Dinge, desto mehr wird deutlich, wir können gar nichts verstehen, überhaupt nichts. Die Vorstellung, dass wir verstehen können, ist größenwahnsinnig. Es ist eine vollkommene Selbstüberschätzung dieses denkenden Ichs, das gar nicht weiß, wer es ist. Es ist also auch erleichternd, es ist erleichternd, nicht mehr zu können, nicht mehr zu müssen und in einen bewussten Zustand einzutreten, in dem die Intelligenz des SEINS in mich eintritt. Nicht ich in sie, sondern sie in mich. Alle haben Angst, und die Angst wird dich begleiten, es bleibt dir gar nichts anderes übrig, als sie wertzuschätzen und sie dann zu entdecken im wahrsten Sinne dieses Wortes, alles zu ent-decken.

ॐ

Vertrauen erlaubt Hingabe an die Angst

Du schreibst in deinem Brief über die Heimatlosigkeit.

Ich spüre diese Heimatlosigkeit auch in meinem äußeren Heim und natürlich auch in meinem inneren Heim. Ich hatte es beschrieben, es ist wie eine geistige Wand, es fühlt sich so an, es akzeptiert zu haben, so eine Ergebenheit, und das ist schon sehr lange so.

Das ist nicht Ergebenheit, sondern Resignation. Doch Resignation ist nur die Reaktion auf diese Prägung von Heimatlosigkeit in deiner Welt. Und wir wollen spüren, was innere Heimatlosigkeit wirklich bedeutet. Heimatlos sind die, die auf der Flucht sind. Viele sind auf der Flucht. Doch wovor sind sie wirklich auf der Flucht? Was ist das für eine Flucht, eine Flüchtigkeit, die sich in ihnen fortsetzt? Sie müssen immer in Bewegung sein, äußerlich oder innerlich. Ständig laufen sie herum. Ständig tun sie etwas. Was ist so gefährlich daran, anzuhalten und sich niederzulassen? Sich sinnbildlich und möglicherweise real auch in der körperlichen Welt hinzusetzten, so wie Buddha sich unter dem Bodhibaum gesetzt hat mit dem inneren Versprechen, er verlasse diesen Platz nicht wieder bis zur vollständigen Erleuchtung? Nehmen wir das als ein inneres Bild und schauen wir uns an: Was hindert einen Menschen, sich wirklich niederzulassen und einzusinken in sich selbst? Nun schauen wir nach dem Antrieb des Flüchtenden, dann finden wir Angst. Ist der Flüchtende wirklich auf der Flucht vor einem äußeren Feind, und wenn nicht: Wer ist der innere Feind? Ist es Angst?

Es ist das Ausweichen vor der Angst, sie nicht vollständig in der Tiefe fühlen zu wollen. Mir fehlt etwas, was mich einbettet.

Rein intellektuell weißt du das seit acht Jahren. Doch offensichtlich fehlt dir etwas, was es dir erlaubt, dich niederzulassen und dich hinzugeben. Dieses Etwas nennt sich Vertrauen. Kann man sich ohne Vertrauen Angst hingeben? Wo ist denn dein Vertrauen?

Wenn ich mein Herz fühle, ist Vertrauen da. Und dann ist da auch Zuversicht.

Das ist gut. Zuversicht ist die Schwester des Vertrauens. Wenn du dir die Zeit nimmst, dein Herz zu fühlen, dann entdeckst du, dass Vertrauen keine verlorene Qualität in dir ist. Es war immer da, doch es ist deine Verantwortung, diesen Moment fühlender Achtsamkeit mit dir selbst aufzubringen und es zu ent-decken.

Der Angst begegnen in Wachsamkeit

Ich möchte wissen, warum ich so viel mit Schlaflosigkeit zu kämpfen habe.

Du hast mit Schlaflosigkeit zu kämpfen? Du hast offensichtlich generell zu kämpfen. Du befindest dich in einer beständigen Haltung von Kampfesbereitschaft. Der Körper fühlt sich an, als wenn du den Modus: „Kämpfen oder Flüchten", *Fight or Flight* angeschaltet hast. Entstammt das Ganze einer nicht gefühlten und unbewussten Angst?
Es ist eigentlich sehr einfach. Du hörst auf zu kämpfen. Du hörst auf zu flüchten. Dann kommt alles, was du dir vom Leibe halten wolltest, auf dich zu und kommt dir so nah, dass du sehen kannst, was es ist. Du müsstest einfach alles aufgeben, jeden Kampf und jede Flucht. So geschieht Hingabe an Das-was-ist.

Das erfordert große Wachsamkeit.

Ja, Schläfrigkeit am Tag und Schlaflosigkeit in der Nacht, das ist kein Ausdruck von Wachsamkeit. Es gibt verschiedene Formen von Wachsamkeit, die wir unterscheiden müssen. Es gibt die Wachsamkeit einer Raubkatze, die kurz vor dem Sprung ist. Sobald Gefahr oder Beute in ihre Nähe kommt, ist sie blitzschnell. *Fight or Flight* – eins von beiden. Manchmal verwende ich dieses Bild, um Wachsamkeit zu verdeutlichen. Aber eigentlich ist es ein zu begrenztes, im Grunde gar ein falsches Bild, um jene Wachsamkeit zu beschreiben, um die es im Zustand der Meditation geht. Denn diese Raubkatze ist eine instinktgesteuerte Maschine. Sie ist zwar schnell und in der Lage, blitzschnell zu reagieren, was gut ist. Wenn du Kampfkunst trainierst, ist es wesentlich und unerlässlich, die Wachsamkeit der Raubkatze zu trainieren. Wenn du jedoch an einer Wachsamkeit interessiert bist, in der das höchste Potential von Erkenntnis ruht, dann ist das Bild falsch gewählt. Es ist zu primitiv – im nicht-moralischen Verständnis dieses Begriffes. So sehr wir die Lebendigkeit und Körperkraft dieser Raubkatze auch schätzen, wir müssen uns eingestehen, sie ist angesichts eines äußeren, körperlichen Gegners eine instinktgesteuerte Maschine, sonst nichts. Und in dieser Form von Wachsamkeit ist kein Potential der Selbsterkenntnis enthalten. In diesem animalischen Reich des 1. Gehirns herrschen die Gesetze der Wildnis, Gesetze des Dschungels. Die Raubkatze ist potentiell umgeben von Feinden, oder von Beute. Sie muss auf der Hut sein. Sie ist angespannt angesichts potentieller Bedrohung oder angesichts eines bevorstehenden Kampfes. Die Wachsamkeit, welche dieses Bild beschreibt, ist eine nach außen gerichtete, körperbezogene Wachsamkeit, welche auf der instinktiven Intelligenz des 1. Gehirns beruht.

Jetzt kommen wir zu einer anderen, einer höheren Beschreibung geistiger Wachsamkeit, wie wir sie beispielsweise finden in dem Bild des meditierenden Buddhas unter dem Bodhibaum. Es hat nicht mehr viel gemein mit der Raubkatze. Er ist nicht auf dem Sprung. Es gibt nichts, was ihn von außen bedroht. Die ganze Welt ist seine, sie ist innen. Die Feinde sind innen, die Freunde sind innen, alles ist innen. Und in dieser Welt braucht es eine andere Form von Wachsamkeit, eine nach innen gerichtete Wachsamkeit, welche zugleich sediert und tonisiert. Ich nenne sie ‚entspannte Wachsamkeit'. Entspannte Wachsamkeit ist ein Konzept, das nicht so einfach zu realisieren ist, weil es paradoxer Natur ist. Es geht um eine entspannte Anspannung. Wer geistig angespannt ist, ist erregt, und vielleicht wachsam nach außen, aber nicht nach innen. Wer geistig entspannt ist, schläft ein. Für einen Adepten des inneren Weges ist es daher weder förderlich, angespannt zu sein, noch entspannt zu sein. Die ‚entspannte Spannung' ist die Haltung des inneren Menschen, die Haltung von Meditation. Meditation ist ein Zustand entspannter Spannung des Bewusstseins. Der natürliche, ‚mittlere' Zustand von Meditation kann nicht angespannt sein, aber er kann auch nicht entspannt sein. Wenn er entspannt ist, ist er eingeschlafen und wenn er angespannt ist, ist er verkrampft oder überaktiv.

Richte dich nach dem Bild des Buddhas aus, nicht nach der Raubkatze, um das Konzept von Wachsamkeit auf dem inneren Weg zu durchdringen. Um die Raubkatze zu verlassen, um diese animalische Welt der Raubkatze zu verlassen, braucht es in dir die Bereitschaft, diese Bedrohung – das was sie so in Anspannung hält – nach innen zu nehmen. Es braucht die Bereitschaft zu erkennen, dass der Feind, der dich bedroht, in dir ist, nicht außerhalb von dir. Und dass die Beute, das Opfer, ebenfalls innerhalb deiner selbst leidet, nicht außerhalb. So wandelt sich die gesamte innere Situation. Solange dieses Ich sich vollständig mit diesem Körper identifiziert, muss der Feind außen sein. Und trotzdem sage ich dir, wohl wissend, dass auch du dich natürlich mit dem Körper identifizierst: Gehe tiefer, erkenne diese Bedrohung im Innen und schau ihr in die Augen. Was bedroht dich wirklich? Dann fühlst du die Angst. Sie kommt dir nah. Sehr nah. Die fehlgeleitete, nach außen gerichtete Wachsamkeit der Raubkatze dient nur dazu, die Angst auf Distanz zu halten. Das ist kein Konzept des inneren Weges. Das ist ein Konzept des Überlebenskampfes. Wenn wir hier Überlebenstraining durch Praktiken der Selbstverteidigung trainieren würden und dafür Praktiken der Kampfkunst erlernten, dann wäre das ein gutes Konzept. Auch die Wachsamkeit des 1. Gehirns hat auf dem integralen Weg ihren Platz, die frei fließende Intelligenz des 1. Gehirns ist eine gute Basis für die aufsteigende *shakti*. Doch die Besetzung des denkenden Geistes im Dienste seines Überlebenskampfes benutzt diese Kraft auf seiner Flucht vor der Angst. Er ist nicht nur auf der Flucht vor dem Tod, er ist auf der Flucht vor der Angst selbst. Viele Kampfsportler haben als eigentlichen – unbewussten – Antrieb die Flucht vor der Angst. Das Ich fühlt sich sicherer, wenn es sich verteidigen kann. Dabei ist Kampfkunst eigentlich ein geistiger Weg. Und die äußeren Bewegungen und der Kräfteaustausch mit dem Gegner dienen nur dazu, diese Prinzipien nach innen nehmen zu können, um innerlich zu erkennen: Wie ist der Umgang mit dem Feind, wie kann ich dem Gegner begegnen?

Er ist schon da, er ist schon in dir. Er ist dir viel näher, als du glaubst. Du kannst ihn gar nicht weg halten. Der Versuch des Ichs, sich seine Feinde vom Leibe zu halten, ist ein sinnloses Unterfangen. Warum? Weil sie schon in seinem Haus sind. Während ich dabei bin, die Fenster zu verriegeln, die Türen mit mehreren Schlössern zu versehen, Wachgänge mit Taschenlampe rund ums Haus tätige, ist er bereits bei mir im Wohnzimmer. Es handelt sich um einen inneren Feind.

Wir können uns nicht vor projizierten inneren Feinden im Außen schützen. In der Körperwelt, wenn wir angegriffen werden, wird der Körper Gegenmaßnahmen ergreifen, wenn es möglich ist, Maßnahmen der Selbstverteidigung. Das ist ganz natürlich. Aber dein Geist kann sich nicht wirklich gegen Gegner schützen im Außen, weil diese Gegner in ihm selbst sind. Er sieht es nur nicht. Also schau genau hin und übernimm Verantwortung. Sie sind alle in dir. Dies ist die innere, die mystische Lesart von „Liebet eure Feinde." (Mt 5;44)

ॐ

Sklave der Angst oder Sklave wahrer Autorität ?

In den letzten Monaten spitzt sich meine Duckmäuserhaltung immer mehr zu. Es scheint mir unmöglich, diese Sklavenhaltung aufzugeben. Ich spüre Verzweiflung, Wut und Ausweglosigkeit. Wenn ich mich frage, was mich daran hindert, diese Haltung aufzugeben, komme ich an eine tiefsitzende kindliche Überlebensangst. Sie sagt: Du darfst dich nicht zu sehr hervorwagen, nicht zu sehr auftauchen, dich nicht zeigen, nicht laut werden, und auch nicht irgendjemandem, den ich als Autorität ansehe, entgegenstellen. Es kommt dann eine untergründige Feindseligkeit und Aggressivität, die ich nicht zeige.

Was ist wahre Autorität? Kannst du wahre Autorität respektieren? Existiert eine Autorität, die von einem inneren Ort spricht, der rein ist? Aus der Quelle selbst? Und kann diese Autorität unterschieden werden von einer Autorität, die im Dienste eines Ichs steht? Gibt es in deiner Welt eine Autorität, die jenseits des Ichs steht und jenseits dessen, was das Ich erfassen kann? Oder existiert diese nicht und alle „höheren Autoritäten" befinden sich, bildlich gesprochen, in einem Topf? Ein innerer Eintopf ist kein *a*dualistischer Zustand, es ist vielmehr ein *vor*dualistischer Zustand, der durch Unterscheidungsvermögen zuerst in bewusste Dualität überführt werden muss. Angst ist dabei das größte Hindernis.

Jeder Mensch hat täglich viele Augenblicke, in denen er das Band mit der Wirklichkeit durchtrennt. Ich könnte auch sagen, dass ein Mensch das Band mit der Wirklichkeit zunächst gar nicht kennt, und in dem Augenblick, in dem er morgens aufwacht, bereits dieses Band durchtrennt für die Dauer des Wachbewusstseins am Tag, und dann, erst wenn er nachts in den Schlafzustand fällt, dieses Band wieder aufnimmt, jedoch unbewusst. Wenn ein Mensch zu meditieren beginnt, wenn ein Mensch die Innerlichkeit erforscht, dann nimmt er auch im Wachbewusstsein wieder mit diesem Band Kontakt auf. Aber er verliert es auch wieder. Und Angst ist einer derjenigen Momente, in denen Menschen dieses Band wieder verlieren. Deshalb ist es gut, dir einzugestehen, dass, obwohl du schon viele Worte von mir darüber gehört hast, du eigentlich bis zu diesem Moment nicht wirklich begriffen hast, wie du in dem Moment der Angst mit ihr zu sein hast, damit dieses Band nicht getrennt wird. Damit du das Band der Wirklichkeit nicht durchschneidest. Wenn das Band der Wirklichkeit erst durchtrennt ist, dann brauchst du dich nicht bemühen, Unterscheidungsvermögen zu erlangen, eine unpersönliche Autorität, gegen die du nicht zu kämpfen brauchst, zu unterscheiden von einer Autorität, die im Dienste des Ichs agiert. Zuerst muss das Band zur Wirklichkeit wiederhergestellt werden, indem du Kontakt mit deinem Herzen aufnimmst. In einem Moment innerer Stille.

Diese Autorität, die sich immer wieder von der Wirklichkeit trennen möchte in dir, die steht allerdings auch im Dienste des Ichs. Die Überlebensangst steht im Dienste des Ichs. Sie ist eine rein egoistische Angelegenheit.
Die Sklaverei, von der du sprichst – und jeder durchschnittliche Mensch ist Sklave dieses Geistes – die Sklaverei hat ein Ende, wenn man in der Lage ist, zu ihren Wurzeln vorzudringen. Du bist nicht wirklich Sklave von anderen, unter die du dich duckst, so wie es dir in dieser Duckmäuserhaltung erscheint, du bist in dem Augenblick Sklave der Angst, und diese Angst ist dein Geist. Du bist also Sklave deines Geistes. Ich frage Schüler des Weges: Wer ist dein Lehrer? Und: Wie viele Lehrer hast du? Das war ein entscheidender Moment im Prozess des Erwachens in mir, als ich Gangaji in einem Brief schrieb: Der denkende Geist ist nicht mehr mein Lehrer. In dieser radikalen Aussage lag die ganze Kraft der Zurückweisung des falschen Lehrers. Was bleibt, ist wahre Autorität. Spirituelle Autorität. Jeder innere Schüler muss zum spirituellen Sklaven werden, sagte Lee Lozowick. Nur ein spiritueller Sklave ist vollkommen frei.

ॐ

Nur die Angst will wissen, wo es hingeht

Ich fühle viele Wellen von Angst in letzter Zeit in mir und spüre eine Hemmung, dann zu sprechen. Oder ich fange an, zu sprechen und traue mich dann nicht, weiter zu gehen. Wenn ich höre, ich muss gar nicht wissen, wo es hingeht, aber es geht weiter, dann fängt etwas an zu entspannen. Ist das wirklich so, dass ich gar nicht wissen muss, wo es hingeht?

Angst bleibt stehen, wenn es gilt zu gehen, und die Angst will gehen, wenn ER sagt: Bleib stehen. Solange das Gehen eines Menschen, das wir hier mit dem Begriff ‚Leben' beschreiben, getrieben ist von ungefühlter Angst, geht er nicht den inneren Weg, der das Ziel ist. Der Weg kann nur dann das Ziel sein, wenn jegliche angstvolle Beschäftigung mit der Zukunft: „Wo geht es hin?" aufgegeben wird. Nur die Angst will wissen, wo es hingeht, niemand anders.

Die Angst will wissen: was erwartet mich, wenn ich springe, wenn ich falle, wenn ich das tue oder jenes lasse? Die Angst ist ein System aus permanenter Kontrolle des inneren Gehens und Stehens. Wir müssen Erkenntnis darüber erlangen, in welchem Ausmaß Angst mich gehen lässt, mich stehen lässt, mich stoppen lässt, mich bewegen lässt.

Es bleibt uns nichts anderes übrig, als in das Zentrum von Angst vorzustoßen, wenn wir wissen wollen, wer uns treibt, wer uns anhalten lässt, wer einen Großteil der Bewegungen zu verantworten hat, die wir so tun in unserem „Leben". Bitte stell dir einmal vor, wie die Welt aussehen würde, wenn die Menschen nur noch tun würden, was zu tun ist. Und nicht tun, was nicht zu tun ist. Wenn alle Bewegungen, die von unbewusster, halbbewusster Angst angetrieben sind, einfach wegfielen? Ich stehe, wenn ich stehe, ich gehe, wenn ich gehe und ich sitze, wenn ich sitze. Ob der Tod anklopft oder das Leben, weiß ich nicht. Interessiert mich auch nicht. Es geschieht eben das, was geschieht.

Wer ist Angst? Genau davor haben wir Angst: Es wirklich wissen zu wollen. Wenn ich sage, wir müssen in dieses Zentrum von Angst vordringen, um zu wissen, wer Angst wirklich ist, dann ist das zugleich eine Abfuhr an das Instrument des Verstandes, der vollständig unfähig ist, diese Anweisung zu befolgen. Wir können es nicht mit dem Versand, wir können es nur in der reinen nackten Erfahrung, mittels der Kraft der inneren Aufmerksamkeit. Das ist die einzige Kraft, die wir wirklich brauchen auf dem Weg, alles andere, andere Handwerkszeuge, die uns auf dem Weg vorübergehend gereicht werden, sind die zweite Garnitur. Das allumfassende Instrument ist die innere Achtsamkeit. Wir unterschätzen das. Der Anfänger hat weder das Verständnis, noch die Wertschätzung dafür, dass das *alles* ist, was ihm innerlich zur Verfügung steht. Somit ist er noch nicht fähig, sich dieses Instrumentes wirklich zu bedienen. Wenn ich die Dimension erfasse, dass sie alles sehen, alles erfassen kann, was ist, dann kann ich auch Angst erfassen, kann ich zur Angst vordringen. Wenn ich nicht zu feige bin, weglaufe und mich ständig wie eine bewegliche Zielscheibe verhalte, um nicht getroffen werden zu können. In dem Fall bin ich einfach nur auf der Flucht vor der Angst. Sprich die Wahrheit darüber, wie viele deiner Worte, Gefühle, Taten und unterlassenen Handlungen am Ende auf Angst zurückgehen. Dann siehst du, welche Macht sie über dich hat. Sie hat sie nur so lange, wie du vor ihr wegläufst, oder gegen sie ankämpfst.

ॐ

Der Zweifel frisst die Angst

Ich habe im Moment zwei Kräfte, die miteinander ringen: Die eine Kraft, ich würde sie Zweifel nennen, nehme ich erst mal nur als Verdunkelung wahr. Und dann gibt es eine Kraft, die ist sehr stark, die strebt ins Licht. Und in diesem Licht ist einfach der Satz „Vater, warum habe ich dich verlassen?". Ich merke einfach ein unglaublich starkes Ringen, wie zwischen etwas, das sich aufgespalten hat und zum ersten Mal beginnt, sich ins Auge zu schauen.

Es reicht nicht, den Zweifel auszumachen als jene Kraft, die dich immer wieder dazu zwingt, dich zu verlassen, sondern es braucht auch eine Schau darauf, auf welchem Boden eigentlich der Zweifel wächst. Der wächst nicht auf jedem Boden, er braucht vielmehr, so wie jede Kraft, einen gewissen Nährboden. Man muss sich fragen: Was sind das für Böden, auf denen sich der Zweifel so ungemein wohlfühlt, dass er nichts Besseres zu tun hat, als zu sprießen, die gesamte Erde als ein Bodendecker zu bewirtschaften, und was ist es, was dem Zweifel wirklich den Boden entzieht?

Es ist in dem Moment der Gang durch die Angst, und die ist wie ein Feuer. Was ich auch merke, ist, dass der Zweifel beginnt zu dienen, sich unterzuordnen und seinen Platz einzunehmen, er kommt an den Ort, wo er hingehört. Also, eigentlich fällt er vom Thron.

Der Zweifel gewinnt seine Lebenskraft aus der Angst. Das ist eindeutig. Alle, die durch diese Untiefen gegangen sind, haben diese Erfahrung gemacht. Der Nährboden des Zweifels ist die Angst, aber es ist nicht einfach die Angst, es ist die unentdeckte Angst, denn der Zweifel frisst die Angst. Das ist seine Aufgabe und das ist ja scheinbar so wunderbar: Wer zweifelt, fühlt gar keine Angst mehr! Das bemerkt derjenige gar nicht, dass der Zweifel die Angst aufgefressen hat. Und schon habe ich mich aus dieser unerträglichen Angst befreit und ziehe es vor, mich in den toten, aber sichereren Welten rationalen Zweifelns aufzuhalten. Zweifler fühlen keine Angst, das ist genau das, was sie wollten. Das ist die schlechte Nachricht. Die gute Nachricht ist, dass sie zu dem Bewusstsein der Angst zurückfinden können, indem sie den beschrittenen Weg zurückkehren. Der Zweifel kam aus der Angst, der Zweifel führt mich auch wieder zurück in die Angst. Der Zweifel, der nichts anderes zu tun hat, als die Angst aufzufressen, ist kein beständiger Verbündeter des inneren Menschen, aber er kann dich zurückführen zur Angst. Wenn du einfach nur noch Angst hast, dann hat die Angst den Zweifel gefressen, wenn du es verstehst, endlich einmal dieser Angst absolut nahe zu bleiben, egal wie intensiv sie wird und egal was sie mit dir macht. Wenn du dich da anbinden kannst, auch wenn die Sirene des Zweifels ruft, dann bist du ganz nah dran, das Rätsel der Angst wirklich zu lösen. Solange du dem Aufstieg in den Zweifel folgst, wirst du die Erkenntnis nicht erlangen, das Rätsel der Angst nie lüften.

Eine populäre Sprachweise lautet: „Die Angst kam über mich." Erst kommt sie *über dich,* dann kommt sie *in dich,* dann kommst *du in sie,* dann wird es still. So lautet die Kurzbeschreibung des Erkenntnisweges mit der Angst. Dann bist du in dir selbst, eins mit dem Zentrum deiner Selbst, durchgestoßen durch die Peripherie, verursacht durch ständige geistige Fluchtbewegungen, die unnötig und überflüssig sind. Mut braucht es, sich dort im Zentrum anzubinden, sich dort anbinden zu lassen. Das ist die Vorausetzung, um hierbleiben zu können. Wenn du hierbleibst, wo du bist, dann offenbart sich alles. Wenn du dich im falschen Moment auch nur einen Zentimeter fortbewegst, verlierst du das Wesentliche aus den Augen. Das ist das Ringen: Auf der einen Seite die Kräfte, die immer wegwollen, auf der anderen Seite das Wissen des stillen Herzens, dass es in jedem Augenblick darum geht hierzubleiben. Das ist Angst in Meditation: hierzubleiben, wenn die Angst kommt, und hierzubleiben, wenn sie geht.

ॐ

Dem Gegner in die Augen schauen

Jetzt sprechen wir einmal über den Boden deiner Angst. Wusstest du eigentlich, dass die Angst schwindet, wenn du deinen Gegner wirklich und vollkommen und bis in die hinterste Ecke deines Unterbewusstseins respektierst? Die Angst vor dem Gegner beruht im Wesentlichen darauf, dass ich in meinem Gegner etwas sehe, dem gegenüber ich nicht vollständigen Respekt aufbringe. Diese Haltung kennt nur zwei mögliche Positionen: Entweder ich bin erniedrigt und schaue ihn von unten an, dann macht er mir Angst, oder ich bin erhöht und schaue ihn von oben an, das macht mir auch Angst. Jede Haltung des Nichtrespektes führt dazu, dass ich ihm nicht wirklich in die Augen schauen kann, und das ist angstbesetzt. Wohl dem, der diesen Zusammenhang wirklich durchschauen kann. Einem Gegner, dem ich in die Augen schauen kann, das ist ein Gegner, dem ich wirklich nahe sein kann und vor dem schwindet die Angst auf ganz natürliche Weise. Die Menschen haben Angst aus zweierlei Gründen: weil sie sich erniedrigen oder/und erhöhen. Die Wahrheit ist, dass die Tendenz zur Überhöhung immer zur Erniedrigung führt und umgekehrt, denn es handelt sich um eine

Pendelbewegung des denkenden Geistes. Jede Pendelbewegung schlägt früher oder später um. Mit Sicherheit ist dies auch ein wesentlicher Schlüssel in der Schüler-Lehrer-Beziehung des inneren Weges. Wenn die Menschen geradeaus und direkt sind und damit ihm in Liebe und Respekt begegnen, können sie ihm in die Augen schauen und dann erkennen sie, dass es nicht notwendig ist, Angst zu haben.

ॐ

ॐ

Der Autor

OM C. Parkin
Mystiker, Philosoph und Buchautor.
Leiter einer inneren Schule.

Er ist ein Mensch, der den Erwachensweg bereits gegangen ist, ein Weiser, der die Pfade zu letzter Erkenntnis und auch die Sackgassen kennt – ein spiritueller Meister. Er lehrt, den inneren Lehrer zu entdecken und zu hören, und begleitet interessierte Menschen bei ihren Schritten auf dem Weg zum eigentlichen Wesenskern, dem SELBST.

Er gibt seine Erkenntnis des Absoluten und die Präsenz des stillen Geistes in Form von Darshans weiter, in denen er auch Fragen beantwortet.
Er studierte Psychologie, brach das Studium aber nach drei Jahren ab, da es ihm keine wirklichen Einsichten über die Natur des Menschen vermittelte und weil ihm das Zusammensein mit seinem Sufilehrer fruchtbarer erschien. Später lernte er in der mündlichen Tradition die Lehren des Enneagramms. Im Jahre 1990 erlitt er mit 27 Jahren einen schweren Autounfall, überschritt die Schwelle des Todes und erwachte ichlos zu neuem Leben. Kurz danach begegnete er seiner spirituellen Lehrerin Gangaji, die ihm half, seine Wandlung, die die alltägliche Erfahrungswelt sprengte, zu verarbeiten. Sie schickte ihn zu ihrem advaita-Lehrer H. W. L. Poonja, einem direkten Schüler von Ramana Maharshi, der ihm den spirituellen Namen OM gab.
OM C. Parkin lehrt seither in Wort und Schrift, indem er in spirituellen Veranstaltungen (Darshan, Retreats und Vorträgen) Menschen bei ihrer Suche nach Wahrheit und Selbsterkenntnis begleitet. Er hat in den 90er Jahren die erste größere deutschsprachige Mysterienschule der Jetztzeit ins Leben gerufen, deren Sitz seit 2010 das moderne Kloster Gut Saunstorf – *Ort der Stille* ist. 2019 initiierte er die OM-Stiftung Innere Wissenschaft. Zudem ist OM C. Parkin Autor einer Vielzahl von Büchern, Schriften und Artikeln.
OM C. Parkins spirituelle Lehre, von ihm auch als Innere Wissenschaft bezeichnet, gründet sich einerseits auf die östliche advaita-Tradition (Lehre der Nicht-Dualität), bekanntester Vertreter im Westen ist Ramana Maharshi), fußt andererseits auch auf westlichen Erfahrungswegen

(z.B. Christliche Mystik, Georges I. Gurdjieff: Der Vierte Weg) und auf modernen psychologisch-psychotherapeutischen Methoden. Ziel ist Selbsterkenntnis durch Innere Arbeit, die letztlich in die Erkenntnis der wahren Natur des Menschen mündet.

OM C. Parkin: „*Im innersten Herzen der Religionen des Ostens (advaita, zen u.a.) finden wir die reifsten Früchte der Philosophie des SEINS. Das Mysterium der Auflösung der Welt. Die spirituelle Kultur des Westens hat das Wissen über die Evolution des Bewußtseins hervorgebracht, die Philosophie des Werdens. Die höchste Lehre ist die Vereinigungslehre, welche die Pfade der Liebe und der Wahrheit vereint (kleine Hochzeit) und das SEIN mit dem Werden (Große Hochzeit). So vereinigt sich in höchster Erkenntnis das, was niemals getrennt war.*“

www.om-c-parkin.de

Siehe auch:
www.innere-schule.de
www.om-science.com
www.kloster-saunstorf.de

OM C. Parkin
Zorn – Der Kampf gegen die Wirklichkeit

Die spirituelle Dimension des Enneagramms

Band 2

advaitaMedia,
Hardcover, 200 Seiten
ISBN: 978-3-936718-58-4

ZORN – Der Kampf gegen die Wirklichkeit

Die spirituelle Dimension des Enneagramms – Band 2

Der zweite Band der Trilogie aus den Lehren des Enneagramms befasst sich mit der Kraft des Zornes, die, eingebunden in die persönliche Ich-Welt eines Menschen ein großes Hindernis im Zugang zur Realität darstellt: „Zorn macht blind", weiß der Volksmund. Das Buch beginnt mit einer kurzen Einführung in die sogenannten Zornfixierungen aus dem Enneagramm der Charakterfixierungen und dem Bericht eines Schülers des inneren Weges, der -halb schmunzelnd, halb zornig – aus seinem alltäglichen Kampf mit dem Zorn berichtet. Im Anschluss betrachtet OM C. Parkin Zorn aus der Sicht der Weisheitslehre. Hinter dem Begriff des Zornes verbirgt sich ein umfassendes geistiges System, welches sich beständig gegen die Realität bewegt. Ein Vorgang, der auch als Ignoranz bezeichnet wird.

Der zweite Teil des Buches besteht aus Ausschnitten aus Darshans der letzten 25 Jahre, welche der spirituelle Lehrer OM C. Parkin gegeben hat. In diesen erleuchtenden Gesprächen mit Schülern geht es um das Sehen verschiedener leidvoller Aspekte aus einer Welt der Zornfixierung und ihre Verwandlung.

advaita media

www.advaitamedia.com

OM C. Parkin
Intelligenz des Erwachens
Die spirituelle Neugeburt des Menschen

advaitaMedia,
Hardcover, 544 Seiten
ISBN: 978-3936718195

Intelligenz des Erwachens

Die spirituelle Neugeburt des Menschen

OM C. Parkin ist ein in Deutschland lebender spiritueller Meister, der die östliche Lehre der Nicht-Zweiheit mit westlicher Tiefenpsychologie und Elementen von Gurdjieffs Viertem Weg verbindet. Er steht für eine Spiritualität, die alle Aspekte des Menschseins integriert, und den Menschen dadurch bereit macht, die Frage „Wer bin ich?" zu stellen.

Intelligenz des Erwachens ist ein Lehrbuch zur Erkenntnis des SELBST durch das Gehen des inneren Weges und das Studium der ewigen Philosophie. OM C. Parkin erläutert darin die Grundlagen des Befreiungsweges, den ein verinnerlichter Mensch jenseits konfessioneller Bindung in diesem Leben gehen kann, um das Wissen um seine wahre Natur zu erlangen. In vier Kapiteln werden die Grundpfeiler dieses Pfades, das Studium des Geistes, das Verständnis des Leidens, des inneren Weges selbst und der Lehrer des Weges, ausführlich dargestellt.

„Dieses Buch beantwortet Fragen, die viele spirituelle Sucher sich stellen; es sind auch meine Fragen. Ich bin aufgerufen, mit offenem Herzen und offenem Geist diesen genialen Ausführungen zu folgen – dann öffnen sich Türen und ich sehe: Es geht um mich! Mein Forschergeist, meine Neugier, mein Wunsch zu verstehen werden belohnt. Dieses Buch ist von einzigartiger Kraft, die im tiefsten Inneren einen Eindruck hinterläßt. Ich halte etwas Kostbares in meinen Händen." (C.W. – eine Leserin)

Sandra Maitri
Der Weg zurück zum Selbst
Das Enneagramm der Leidenschaften und Tugenden

advaitaMedia,
Hardcover, 319 Seiten
ISBN: 978-3936718157

Der Weg zurück zum Selbst

Das Enneagramm der Leidenschaften und Tugenden

Sandra Maitri beschreibt umfassend die Leidenschaften – im christlichen Kontext als Todsünden bekannt – und die ihnen entsprechenden Tugenden, die den Weg zum Selbst, dem wahren Wesen des Menschen, weisen.

Die Leidenschaften sind die vom Ego gespeisten emotionalen Zustände, die unser Leben so leicht beherrschen, wie zum Beispiel Zorn, Stolz und Angst. Diese Leidenschaften in unserer Erfahrungswelt zu erforschen und zu verstehen, kann uns in den Bereich jenseits der Persönlichkeit führen. Dort entstehen ganz natürlich die Tugenden wie Gelassenheit, Wahrhaftigkeit und Mut, die die zwanghaften und reaktiven emotionalen Muster der Leidenschaften ersetzen. An diesem Übergang von den Leidenschaften zu den Tugenden zeigt sich innere Entwicklung, die in vollständiger Selbst-Erkenntnis gipfelt.

Sandra Maitri ist bekannt als eine der fundiertesten und gründlichsten Autorinnen und Lehrerinnen des Enneagramms als Werkzeug für spirituelles Wachstum. Sie ist Lehrerin der spirituellen Schule „Diamond Approach to Inner Realization" und lehrt das Enneagramm, mit dem sie sich nun seit dreieinhalb Jahrzehnten beschäftigt, im breiteren Kontext spiritueller Entwicklung in den USA und Europa.

advaita media

www.advaitamedia.com

OM C. Parkin
Spirituelle Meisterschaft
Lehrer und Schüler
auf dem inneren Weg

advaitaMedia
Hardcover, 361 Seiten
ISBN: 978-3936718-55-3

Spirituelle Meisterschaft

Lehrer und Schüler auf dem inneren Weg

Der Autor bietet tiefgründige Anleitung für den ernsthaft interessierten Menschen des spirituellen Weges an. Präzise und mit unbestechlicher Unterscheidungskraft beschreibt er unter anderem die kollektiven ‚Löcher' in der Entwicklung des abendländischen Bewusstseins und mit welch gravierenden Missverständnissen ein Suchender deshalb zu rechnen hat. Missverständnisse und Unwissenheit darüber, was ein spiritueller Meister überhaupt ist (existiert in unserer Kultur praktisch nicht), darüber, wie die Natur des inneren Weges beschaffen ist und darüber, was unter ‚wahrem Menschsein', ‚Heilung' und ‚Wachstum' eigentlich zu verstehen ist. Große Unwissenheit zeigt sich im Geist westlicher Suchender häufig auch, wenn es um die Bedeutung verbindlicher Schülerschaft auf dem inneren Weg geht.

Der Meister transzendiert alle relativen Wahrheiten und gibt die Sicht auf die Eine, die absolute Wahrheit frei. Eine wahrhaft radikale Wegweisung!

advaita media

www.advaitamedia.com